U0139663

四庫存目

青囊匯刊 ⑨

地理啖蔗録

〔清〕袁守定 ◎ 著

宋政隆 ◎ 点校

华龄出版社

HUALING PRESS

责任编辑：薛　治

责任印制：李末圻

图书在版编目（CIP）数据

四库存目青囊汇刊. 9 /（清）袁守定著；宋政隆点

校. －－北京：华龄出版社，2020. 10

ISBN 978－7－5169－1732－9

Ⅰ. ①四… Ⅱ. ①袁… ②宋… Ⅲ. ①《四库全书》

－图书目录 Ⅳ. ①Z833

中国版本图书馆 CIP 数据核字（2020）第 173480 号

书　　　名：四库存目青囊汇刊（九）：地理啖蔗录

作　　　者：（清）袁守定著　宋政隆点校

出　版　人：胡福君

出版发行：华龄出版社

地　　　址：北京市东城区安定门外大街甲 57 号　　邮　　编：100011

电　　　话：(010) 58122246　　　　　　传　　真：(010) 84049572

网　　　址：http://www.hualingpress.com

印　　　刷：九洲财鑫印刷有限公司

版　　　次：2020 年 10 月第 1 版　2020 年 10 月第 1 次印刷

开　　　本：720×1020　1/16　　　　　印　　张：13.25

字　　　数：208 千字　　　　　　　　印　　数：1～6000

定　　　价：48.00 元

自　序

郑夹漈①作《通志》载《相塚》《青囊》等书，马端临②《文献通考》载入《五狐首》等书，凡数十种，皆形家言也。朱子《山陵议状》亦谓"当召术士择吉，士以奉衣冠之藏"，而蔡西山、吴草庐诸儒，皆精究其理而订正之，其事久为格物致知者所不讳矣。

夫世之营地者，其道有二：仁人孝子，知养生不足以当大事，惟送死可以当大事，凡世有其说，力有可致，皆尽心竭力而为之，以求免吾亲为风蚁水泉之所侵蚀，必使无遗憾焉而后止，此一道也；富家巨室挟其赀货，广招青乌之徒，商山论水，竭登涉之劳以求之，以冀为子孙百世之福，此又一道也。不知地理如不效也，则尽人求之可得也；地理如果效也，则必有大力者主之，非富民赀货之力可求而得。使可以财贿求而得之，而因得食地之报，以如其所期，造物何无主如是哉！然则均之营地也，其为安亲骸而营之，与觊世福而营之，义利之介，有不容不辨者矣。

余年近五十，涉猎经史百家，一不能得其岸略，安知地理？岁壬申，丁先太孺人大故，括阴阳家书百十种，穷年读之，渐渐得其义要，渐渐观其会通，渐渐穷其变态，力之所注，旨趣旋生，至欲徙业焉，而不能自己。益知前世通儒，精知博究，不以为小道而弃之，有旨也。然代远风微，书缺有间，所及见者才近世通传诸书，而郑《志》马《考》中所载"相塚""八五"之类，多不可复见，为可惜矣。

---

① 校注：郑樵，生于宋崇宁三年三月三十日，殁于绍兴三十二年三月七日。字渔仲，自号溪西逸民，兴化军莆田（今福建莆田）人，学者称"夹漈先生"，宋代史学家、校雠学家。性资异人，能言便欲读书。幼赋异禀，有神童的美誉。隐居于夹漈山中，好为考证伦类之学，敷陈古学，自成一家。独以博洽著称，傲睨一世，纵论秦汉以来著述家，鲜有当其意者。平生甘枯淡，乐施与，独切切于仕进，识者以是少之。好著书，不为文章，自负不下刘向、杨雄。南北宋间记诵之富，考证之勤，实未有过于樵者。著述多佚，今存《通志》《夹漈遗稿》和《尔雅注》等数种。

② 校注：马端临（1254年～1323年），字贵与，号竹洲。宋末元初饶州乐平（今江西乐平）人。右丞相马廷鸾之子，宋元之际著名的历史学家，著有《文献通考》《大学集注》《多识录》。

余既有所卜，以安太孺人，而乡之人相与胡卢之，以为不似。余闻而应之曰："凡所以为是者，求免风蚁、水泉也，非以干福也，其本趣异矣。"窀穸毕，举所得于诸书者，别其义类，记以笔墨，使数年心血所积，不致归于乌有，且志余之所以为太孺人者，其兢业有如此也。昔朱伯起谈山如啖蔗，盖嗜之也，不揣固陋，窃有同嗜，故借以名编云。

乾隆二十年冬杪易斋袁守定序

凡　例

一、是编分门别类，使类聚而观，其义易明。其不可附于诸门之中者，以《杂说》尽之。其有无关地理，而为谈地者所不可缺，以《闲谈》尽之。

一、是编本文之义本明，而必证以古说者，范詹事谓"世人贱今贵古"，今一一征之，见理非杜撰，示人未可贱之意。

一、是编仿刘孝标注《世说》，只录成书于其下，不增一字，自可与本文参观，而益明其旨。其有不得不发明者，乃以散文释之。

一、征书不厌重复者，见此非一二人之私言也。其说大同，其理不可易。

一、是编以一偶为一段。所引之书，先证上句，次证下句；或只证上句，不证下句；或只证下句，不证上句，观者详焉。

一、引书以证本文之义固已，其有因甲及乙者，本文之所未及，于注及之，以求尽其义类。

一、是编先列本文，后证诸家，非抑古而伸今也。地理嘈杂，必欲荟萃群说，按部就班，自不得不经之纬之，我行我法。

一、是编注释之处，有以类附者，以圈别之；其有与本文正说相反者，亦以圈别之。必兼采者，斯道多端，不可以一说拘也。

一、是编专言形势，不及理气。故凡言理气之书，概不拦入。偶引《催官篇》《玉尺经》等书一二条，亦是言峦头者。

一、凡举一义有未详者，必随其类再及之，以尽其说。如穴晕已见《穴法》中，于《补义》又详之；星体已见《穴星》中，于《杂说》又详之。如此类者，不必拘泥。

一、凡散文注释之处，间采用廖金精《拨砂经》、二徐《人子须知》、叶九升《释名》、沈六圃《地学》中语，非袭之也，其语无可易也。

一、是编务博，凡穴由形取，及虎须、肉堆、狮子案之说，虽为前人所指摘，亦必录之，使得参观而博览焉，不致略有逸义。

一、是编所引书名，有不列之引书姓氏中者，或系时集，或虽系古书而未见全本，只于时集中见之，故存其书名而作者缺焉，以俟博览者。

一、是编有曰经云及某氏云者，未见成书，仍时集之旧也。或有其书，而未及考对，偶从便耳。

一、术士之言俚拙，要皆阅历所得；文士之言修整，不过读书所得。编中俚拙之言必录者，为其为地理肯綮也。近汲古阁毛氏辑《津逮秘书》，收《续葬经》一种，词虽清隽，义罕创举，故无采焉

一、堪舆家书，汗牛充栋，现传如顾陵冈《天机会元》、余斗象《统一全书》、李国木《地理大全》、叶九升《地理大成》，皆大集也，各辑古传书数十种，大约大同小异，甲缺则乙收耳。顾陵冈割裂而无统纪，或者讥为杂货铺，固宜；余斗象《统一》之编，惟首卷文从字顺，疑有假借，其他一墨一潘，至不可向迩；且愈割愈略，去陵冈益远。李国木收古书太少，其所自著一本《人子须知》，令人有挈篋之叹。惟近时叶九升，先揭纲领，次列诸家，遗者舍之，疑者注之，于平阳尤有功焉。录中镕铸四大集，及他所见之书又数十种，如一屋散钱，以一缗贯之，路无腾逸；惟平阳三局，未及分晰肆力，有遗憾云。

一、前明究地理有成书者，如柯月潭有《统会大成》，王心春有《孝慈补》，李近吾有《地理正要》，姜易斋有《地理一贯》，吴望冈有《地理纂要》，郝金沙有《地理钩元》，谢子期有《地理四书》，暨北溪有《地理五经》，李宾湖有《人天眼目》，陈镜元有《至宝正宗》，翁龙泉有《太极全注》，李光宇有《丛珠心法》，熊汝岳有《报德肯綮》，甘泉峰有《阴阳捷径》，张龙墩有《仙婆集》，如此类者，指不胜屈。其书或传，或不传，故有及见者，有不及见者。其所见者，苟义本古人，略无特见，则不取也。至《搜元旷览》《堪舆一贯》《琢玉斧》等书，皆窃《人子须知》之绪余，而略有增项，实二徐之耳孙，无足收齿。

一、地理见于诸经者，仅有其端，汉、魏以后始著其法。如《魏志》载："管辂相母邱俭之墓，叹曰：'元武藏头，苍龙无足，白虎衔尸，朱雀悲哭，四危以备，法当灭族。'"《晋书》载："郭璞尝为人葬，帝微服往观之，因问主人：'何以葬龙角？此法当灭族。'主人曰：'郭璞云：此葬龙

耳，不出三年，当致天子。'"二书所谓四兽及龙角、龙耳，即今世法也。又《南史》载："宋武帝皇考墓在丹徒之侯山，有孔恭者善占墓，曰：'非当地也。'"又《晋书》载："有相地者言羊祜祖墓有帝王气，若凿之则无后，祜遂凿之。相者见曰：'犹出折臂三公。'而祜竟堕马折臂，位至公而无子。"其见于正史者如此，诸野史所载，更不可殚述，谁谓地理不足信乎！特世所传晋、汉以前堪舆家书，多后人附会，不可不辨也。

一、魏、晋以前之书，多后人嫁名。如陶太傅有牛眠之异，后人遂以《捉脉赋》嫁之。如《风水口义》，旧传秦樗里子作。《管虢诗括》《管氏指蒙》，旧传管公明作。《搜山记》，旧传朱桃仙作。其书词句排偶，腔调时下，非秦汉文字，为后人嫁名无疑。惟《狐首经》言多为郭参军所引，必晋以前之书也，然以为作于白鹤仙，则不敢信。野史载有"三人就孙权之祖求瓜，示以葬地，化为白鹤而去"，好事者遂附会有白鹤仙之说耳。《青乌经》一卷，陶九成辑于《说郛》中，谓非汉人文字，然文气清隽，与《葬书》略同，大约六朝以前之书，非后人所及也。

一、是编所载《拨砂经》凡二种，杨氏之书只论前砂感应之理，廖氏之书于龙穴砂水无所不言，观者辨焉。

一、古传郭参军《葬书》十二篇，蔡西山删为八篇，吴草庐又删之，定为内、外、杂三篇，今反传草庐本也。但世所传葬书之外，又有《锦囊经》五篇，其文与葬书同，疑即西山所删者，然不可考矣

一、地理以形体言之，高起者为阴，窝坦者为阳，故乳突为阴，窝钳为阳。以星体言之，则金木为阳星，水土为阴星，故乳突为金穴属阳，窝钳为水穴属阴。录中有以乳突为阴、窝钳为阳者，从形体言也；有以乳突为阳、窝钳为阴者，从星体言也，各有取义，非自相矛盾。

一、二徐专举五星，不足以尽山体之变，今仍杨、廖九星，而廖氏九星九变之格，尤确不可易。是编略图其概，详见《九星》《穴法》中。

一、是编不得不图者，图之。可以意会者，不图。至于砂体尤繁赜，不能殚及，详见《何家砂法》《亚婆砂法》及《人子须知》中。

一、杨氏《十二杖法》《十六葬法》，编内不详说者，其理已具穴法中，故不重赘。

注引诸书姓氏

秦

　　《风水口义》　　　　樗里子

汉

　　《青乌经》　　　　　青乌子

　　《搜山记》　　　　　朱桃仙

　　《狐首经》　　　　　白鹤仙

魏

　　《管氏指蒙》　　　　管氏辂

　　《管虢诗括》　　　　管氏辂

晋

　　《捉脉赋》　　　　　陶氏侃

以上诸书疑后人嫁名，说详《凡例》中。

　　《葬书》　　　　　　郭氏璞

　　《锦囊经》　　　　　郭氏璞

唐

　　《地理小卷》　　　　李氏淳风

　　《天机素书》　　　　邱氏延翰

　　《胎腹经》　　　　　邱氏延翰

　　《雪心赋》　　　　　卜氏应天　则巍

　　《撼龙经》　　　　　杨氏益　筠松　救贫仙

　　《疑龙经》　　　　　杨氏益

　　《葬法》　　　　　　杨氏益

　　《黄囊经》　　　　　杨氏益

　　《拨砂经》　　　　　杨氏益

《画筴图》	杨氏_益

《画筴图》 杨氏益

《乐道歌》 杨氏益

《索总》 杨氏益

《一粒粟》 杨氏益

《金钢钻》 杨氏益

《遍地钳》 杨氏益

《争龙记》 杨氏益

《立锥赋》 杨氏益

五代

《黑囊经》 范氏越凤

《洞林秘诀》 范氏越凤

《吴公口诀》 吴氏克诚

《铁弹子》

《玉弹子》

以上二书，不详作者，刘青田谓《铁弹子》《玉弹子》《金弹子》三书，皆得之耶律楚材，即天书之下册，传自黄石老翁，所谓黄石老翁，亦不知为何人也。一说《铁弹子》为南唐何令通著。

《怪穴赋》 杨氏固

按：杨氏固，未详何时人。廖氏《拨砂经》多引其说，则宋以前之人也。

宋

《入式歌》 廖氏瑀

《九星穴法》 廖氏瑀

按《九星穴法》《入式歌》，皆《泄天机》中之书也。后人分而为二，今仍之。

《拨砂经》 廖氏瑀

有两廖瑀，俱号"金精"。前廖乐平人，后廖雩都人。《泄天机》前廖所著也，《拨砂经》后廖所著也。

按：《拨砂经》所引泄天机之说，皆称为经，则《拨砂》为后廖所著无疑。

《五星葬法》 谭氏宽

《金函赋》 刘氏郭素

《太华经》 许氏亮

《发微论》　　　　蔡氏_发　牧堂老人

《穴情赋》　　　　蔡氏_发

《玉髓经》　　　　张氏_{子微}

《发挥》　　　　　蔡氏_{元定}　文节

《囊金》　　　　　刘氏_谦

《寻龙经》　　　　余氏_{文卿}

《三宝经》　　　　刘氏_{江东}

《至宝经》　　　　谢氏_{和卿}　觉斋

《神宝经》　　　　谢氏_{和卿}

《八段锦》　　　　祝氏_泌　观物

《达僧问答》　　　司马头陀

《水法》　　　　　司马头陀

《寸金赋》　　　　谢氏_{子敬}

《一寸金》　　　　谢氏_{子敬}

《道法双谭》　　　吴氏_{景鸾}　仲祥　白云

《吴公秘诀》　　　吴氏_{景鸾}

《吴公解义》　　　吴氏_{景鸾}

《地理指南》　　　吴氏_哲

《催官篇》　　　　赖氏_{文俊}　太素　布衣

《心经语录》　　　王氏_汲　制仙

元

《玉尺经》　　　　刘氏_{秉忠}

《四神口诀》　　　董氏_{德彰}

明

《披肝露胆经》　　刘氏_基

《堪舆管见》　　　谢氏_{廷桂}

《人子须知》　　　徐氏_{善继}　善述

本朝

《六经注》　　　　叶氏_泰　九升

《辨龙歌》　　　　叶氏泰

《地学》　　　　　沈氏镐　六圃

《地理原本说》　　曹氏家甲　安峰

目　　录

地理啖蔗录卷一

推原

盖闻地理见于《周易》，有俯察之文；昭于《毛诗》，有陟降之说。《孝经》卜宅兆之吉，《周礼》辨阴阳之和。

《易》"俯以察于地理"，《诗》"陟则在巘，复降在原"，《孝经》"卜其宅兆而安厝之"，《周礼》"风雨之所会，阴阳之所和"。

昔圣已发其端，后人因详其术。涉其粗迹，等一技之微；原其精深，合至道之妙。盖缘太极既奠，两仪由之以分；阴阳相推，五行因之而著。在天成象，在地成形。

阳变阴合，而生水火木金土要，于是在天成象，在地成形，无非五行之精。其在天也为岁，为荧惑，为镇，为太白，为辰。所谓成象者，此五行之象也。其在地也，则山之头圆足阔者为金，头圆身直者为木，头平生浪者为水，头尖足阔者为火，头平体方者为土。所谓形成者，此五行之形也。水火木金土五星既定，于是有生克制化，而地理出矣。然五星为山体之常，后人因山之变态不一，五星不足以尽之，又有九星之目，其实皆五星之变，究不离乎水火木金土者是也。○九星及生克克化俱详后。

| 水 | 火 | 木 | 金 | 土 |

所以山以龙名，由其体皆二五。然而地以理论，竟至义有亿千。

天地间之物各具五行之一，惟龙则五行皆具：其身为木，鳞为金，角与爪为火，摆折为水，腹之黄为土。有结之山，亦是二气五行，故以龙名。〇一说：神龙倏大倏小，变化不测，地亦变化莫测，故曰龙。〇一说：有变化者谓之龙，无变化者谓之荒山。

先明阳凹阴凸之形，不分则不育。次审阳嘘阴吸之妙，不媾则不生。

地理无他，阴阳而已。凹为阳，以气浮于外也。凸为阴，以气隐于内也。如阴阳不分明，阴阳不交媾，则不能化生，无地理矣，此开卷第一义也。《杨曾问答》："曾问：何者为阴，何者为阳？杨曰：阴阳两字，乃地理之权衡，形气之造化。形以聚气，气以成形；形气既分，造化可考；阳气形凹，阴气形凸。阴变阳是窝腌慳钳，阳变阴是肥突满乳。阳龙来则阴受穴，阴龙来则阳受穴。曾问：何谓阴来阳受，阳来阴受？杨曰：脉来有脊，入穴处有窝，谓之阴来阳受。脉来微平，入穴有突，谓之阳来阴受。"《雪心赋》："一不能生，生物必两要合阴阳。"

既了大原，乃穷众义。

祖山

尊星为受气之祖，理取于拂云霄。权山又出脉之根，势必跨连州郡。

太祖山为一方最尊，故曰尊星。太祖山之上，若再有高广之山，跨连州郡，谓之权山，亦曰都权山。

惟其高广富厚，而福气斯丰；惟其耸拔清奇，而秀气必毓。

《锦囊经》："欲识其子，先看其母。欲识其孙，先看其祖。《龙髓经》："只用源流来处好。起家须是好公婆。"《雪心赋》："祖宗耸拔者，子孙必贵。"

如水之有本，本盛则流长。如木之有根，根大则枝茂。天池生于顶，上清而且涟。养荫夹于脊，间满而不溢。

天地者，祖山顶上有池水也，以其高在云汉间，故曰天池。龙祖有此池者，力量极大。在山脚者为地池，两地夹脊为养荫。《入式歌》："龙上如生两池水，养荫斯为美。"○又：高山顶上，有泉流出，仍流入天生石井，归于山腹之中者，谓之卫龙。天池之水，不流不涸。卫龙之水，流而不出。二者不同，其为大贵之征一也。《撼龙经》："更有卫龙在高顶，水贴龙身入深井。更无水出可追寻，或有蒙泉如小镜。"○按：天池养荫，不但祖山有之，龙身上亦有之。平地有天池养荫者亦佳，但要四时不竭。若忽然干枯，则祸败至矣。

聚峰见星体之异，归垣得方位之宜。

聚峰者，五星聚峰也。金木水火土，五星团聚而起，森森玉立，如人之相聚而讲论也，后人相沿则以讲为峰矣。大聚峰则每星袤延二三十里，相聚在一二百里之间，小聚峰则各起数座，或各只一座而已。然数座不如一座者格尤清，太祖山有此格者最贵，在少祖山者福力尤紧。又岭脊乱石嵯峨，或尖或方或圆，攒聚一处，亦谓之聚峰。《撼龙经》："乱峰顶上乱石间，此处名为聚峰山。"《天机素书》："问君聚峰何以名，乱石乱峰祖边呈。"归垣者，五星归垣也。木居东，金居西，火居南，水居北，土居中，各得方位之宜，谓之归垣。此格最贵，万不逢一；祖山有此，福力尤巨。然不特祖山为宜，穴山亦偶有此格，如朱文公祖地是也。

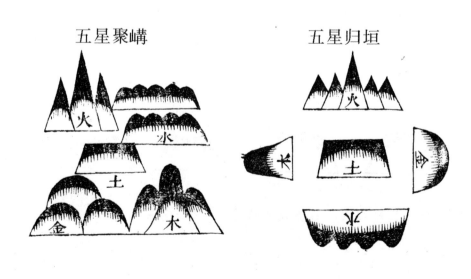

五星聚峰　　　　　　　五星归垣

龙楼摇日月之光，宝殿撼云霄之气。

龙楼宝殿皆火星，一尖居中独高曰龙楼，众尖平列曰宝殿，此祖山之大格也。《撼龙经》："高尖是楼平是殿，请君来此细推辨。"《入式歌》："祖山高顶名楼殿，常有云霄现。"

龙楼　　　　　　　　宝殿

是皆祖德，极为贵征。故观乃祖之规模，可卜此方之人理。金土镇地，则生人丰隆。木火连天，则生人瘦秀。瘦秀者性敏，丰隆者行方。带库带仓，人多黄白之物。带诰带轴，地多青紫之家。斜死多褐布之夫，孤削多蓝缕之辈。

土星两角高起，狭小者为诰轴，长阔者为展诰。以其似诏诰之状，故主贵。库土星方而堕角，故主浊富。仓即金星，亦为富应。《玉弹子》："耸拔者贵，带诰带轴浑厚者富，有仓有库孤削者贫，遇鬼遇却斜死者贱，被伤被泄。"

库　　　　仓　　　　诰轴　　　展诰

惟一气之相感，斯受分之必符。

出身　枝干

问祖说相地之原，出身又观脉之要。

出身者，乃祖山发脉，离祖分行处也。一祖之下，必有数龙，皆由此分出，故曰出身。

出吉者结亦吉，出凶者结亦凶。大小由是而推，贵贱因此而断。生动磊落，为吉之征。委靡直顽，为凶之兆。

董德彰曰："大凡龙城初发处，若曲屈如生蛇下岭，而两边有蝉翼护带者，前去必结大地。其出身之不吉者，则瘦弱委靡，不起不伏，不活动摆折。"吴白云曰："寻龙先须问祖宗，更于离祖察行踪。辞楼下殿毕峦秀，预识前途异气钟。"

正龙禀气也，正脉必中抽。偏龙禀气也，偏脉必旁出。脉多乖闪以为中者非中，形可迁移以为侧者非侧。

真龙脉多乖诈闪出，有如明明开肩展翅，脉从中出，而步至前途，却不成龙体，转身于向之所谓，或肩或角，寻其闪落，却处处合格，始知向之所谓中者非中也，向之所谓肩与角者，至此审之，移步换形，乃真中耳。如是或数十里，或数百里，皆要看他栖闪，莫行错路，始不谬于真中矣。○凡寻龙，须识弃煞寻生之法。大龙直去，刚急粗顽，粗视之似龙之正身，而不知此煞气也。真龙已闪于一边，微微出去矣，其闪脉乃生气也。弃煞寻生，是在智者。○凡寻龙走错路，只为不识龙格。须知祖有祖格，宗有宗格，帐有帐格，峡有峡格，出脉有出脉格，枝脚有枝脚格，行度有行度格。将入首，必更有几多贵格。是真龙必合格，是缠龙帐角必不合格。只能识龙格，便不走错路矣。○诸格详后。

脉中出则生端士，脉偏出则产畸人。

地理以脉中出为贵。穿心中出，是山岳之正气，最为难遇。如人之秉正气者，世不多有也。凡大忠大孝，皆中出之脉所生。若脉偏出，虽能发福，必非正士。然审脉之正偏，不必逐节审之，但离祖一节中出，则节节中出可知。若离祖初出偏斜，则节节偏出可知。祖宗生父母，父母生子孙，本一气也。

偏而不边者可寻，偏而全边者勿迹。

脉出虽偏，不在极边上，犹有结作；若极边则断无融结，不必追寻矣。以后凡过峡及主山，并穴后出脉，皆同此论。

中出脉	有蝉翼中出	偏而不边	偏而全边

脉之急者，有起伏之号。脉之散者，有平受之称。

随星峰高下而来，大顿小起，谓之起伏脉。坦荡平阳，略有体势，或如铺毡展席，谓之平受脉。

脉之贵者，有盖鞭芦花之名。脉之奇者，有仙带仙桥之目。

水木相兼而行，为芦鞭。脉来三袅，旁有墩阜，如花瓣状，为芦花。屈曲盘旋，如带之飘空，谓之仙带脉。两火或两木夹水，谓之仙桥脉。○附沈六圃《地学》："直仙桥必在云山中，直长精异，履之如行桥上，有悚惕心；顾盼云山环卫，有欣悦心，方成仙桥，主贵而显，且出高人。"曹安峰《地理源本》："狭直如桥，长逾数十丈，谓之仙桥脉。脉从六秀过者，主出神仙，神童鼎甲。脉从四墓过者，主出异人，灵神僧道。其长曲如带者，谓之仙带脉，亦出神仙，而金桥玉桥为最胜。"○按：仙桥有两说，有以两火两木夹水为仙桥者，有以直狭而长为仙桥者，今图从前说。

芦鞭	芦花	仙带	仙桥

贯顶饱出为阴死，断无毓秀之区。穿心低出为阳生，必有钟灵之地。

凡出脉须星体开面，两边有夹势，从心腰间偷出阳脉，似有似无下来，谓之阳生脉。此一枝龙前去，必作真穴。若贯顶饱面而出，谓之阴死。脉虽星峰起伏，全无阴阳化气，必不结穴，或作朝迎罗城而已。《披肝露胆经》："心腰中出阳生脉，前去定结真奇穴。贯顶饱面阴死出，只作应乐罗城列。"

正出为干，有大干小干之不同。旁出为枝，有大枝小枝之各异。或为干中之干，或为干中之枝。或为枝中之枝，或为枝中之干。干龙受气浑厚，其行也平低。枝龙脱脉清奇，其行也踊跃。

《疑龙经》："疑龙何处最难疑？寻得星峰却是枝。干上星峰全不作，星峰龙法近虚词。正龙身上不生峰，有峰皆是枝叶送。"又曰："真龙平处无星峰，两边生峰至难捉。两边起峰为护从，正龙平低最贵重。"

枝龙屈曲自喜，其断也恒多。干龙驰骤自如，其断也恒少。

凡干龙必崇山大垅，牵连而行，如骤如驰，大摇大摆，或百余里，或七八十里，或二三十里，只一断，其断处必是通衢驿路。前人以路之大小验龙之大小，真笃论也。若枝龙则小转小折，屈曲自喜，一里之中，或有数断。

干龙行远而难竟，其界也江河。枝龙行近而易穷，其界也溪涧。

《天机素书》："大江大河横绕，干龙必尽于中。小溪小涧抱环，枝龙定结于内。"《拨砂经》："大河两边界者，上地也。小河两边界者，中地也。田水两边界者，小地也。"

石远者力大，穴多怪藏。行近者力微，穴多显易。力大者久而勿替，力小者发即骤衰。

凡干龙结穴，其力大，发可数十人，兴可数十代；枝龙结穴，其力微，发只一二人，兴只一二代，此枝干力量大小之分也。然二者或发大贵，或不发大贵，又以龙格为断，其说详后。

行度

若夫行度之间，须有美恶之辨。生龙磊落而摆拽，死龙板硬而糢糊。强龙雄健而轩昂，弱龙徐邪而懒缓。进龙有序而不紊，退龙失次而不伦。顺龙脚前而调和，逆龙脚反而乖戾。

生龙者，星峰磊落，行度摆拽，如鸾翔凤翥，如鱼跃鸢飞，皆生意也。死龙者，本体直硬，手脚糢糊，其势如鱼失水，如木无枝，死鳅死鳝，无生意也。强龙者，体格雄健，枝脚撑拏。其势如猛虎出林，渴龙奔水，为最强也。弱龙者，本体软缓，行度徐邪，势如饿马伏枥，孤雁失群，为至弱也。进龙者，星峰迭次，枝脚均匀，如凤览辉而下，如鸿戏水而飞，而进趋有渐也。退龙者，星辰失次，枝脚不伦，始小终大，龙低穴高，如人之踏碓，如船之上滩，而高下失等也。顺龙者，星峰顺出，枝脚顺布，上下照应，左右环抱，如星拱北，如水朝东，其势甚顺也。逆龙者，枝脚逆趋，行度乖戾，如水逆行，如鸟逆飞，而反背不驯也。《入式歌》："生是低昂多节目，死是无起伏。强是奔走势力宏，弱是瘦棱嶒。顺是开静向前往，逆是望后去。进是龙身节节高，退是渐箫条。生强顺进皆为好，富贵兼寿考。死弱逆退最为凶，夭折与贫穷。"

喜龙翔舞而踊跃，怒龙险峻而崎岖。

《披肝露胆经》："崎岖险峻龙之怒，踊跃翔舞龙之喜。怒龙多是结假穴，假穴人见多惧悦。"

惟行龙之或恶或良，故结穴之有真有假。然审势为裁龙之法，而认气尤相山之经。活动为气之生，委靡为气之死。混沌为气之浊，雅致为气之清。巉岩为气之凶，悠扬为气之善。杀气盛则峻急，病气见则偏枯。气恶暴者，突屼奔崩。气粗蠢者，峦肤臃肿。气薄者不，足气厚者有余。气固以是而推，穴亦由此可决。他如不辟不泄，则盛暴未除；有伏有胎，则阴阳已配。

凡龙行度，全不分枝开帐，则盛暴之气未除，不能结作。《玉弹子》："不辟则不泄也，不泄则不结也，凡地理只是阴阳配合。若龙行度之间雌雄相顾，谓之胎伏。脉从伏星背上落去，前途必结大地。"杨救贫曰："胎伏即雌雄龙也。胎居于前，配阳为雌，其星俯照，回头顾后。伏生于后，配阴为雄，其星俯覆，前后照应，神气交融，金水环揖，孕秀而成。"杨茂叔《集龙经》："胎伏各传十八宿，内外通成三十六。只看前胎后伏奇，切莫伏前胎后局。"《金函赋》："胎伏三十六传，高齐云而低近水。"○按：《金函赋》有伏传十八宿之图，有胎传十八宿之图，共三十六图。今不具图，图高山平田两式。

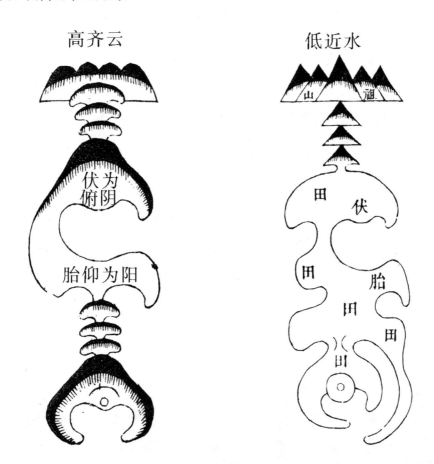

高齐云　　　　　低近水

合龙格者最贵，必产伟人。生府星者非常，必育大物。

龙之贵贱，在有格无格。有格者为贵龙，必生伟人，发大贵。无格者名位不尊，寻常富贵而已。有干龙而不发大贵，有枝龙而发显贵者，有格无格故也。但枝龙虽有格，发大贵，福荫不久；干龙虽无格，不发大贵，而福力绵远，此其所以异耳。龙格如所谓龙楼宝殿、御屏帝座、三台华盖、帐下贵人、卷帘殿试、王字工字、玉尺玉枕、蛛丝马迹、蜂腰鹤膝、芦鞭芦花、仙带仙桥、飞蛾串珠、金牛转车、走马金星、九天飞帛、九脑芙蓉、玉丝鞭、蜈蚣节、上天梯、玉梭玉梳，皆是也，其格不可殚述。详《泄天机》及《玉髓经》中。府星者，六府星也，又曰六曜，乃大山顶上平处生起小星峰。小扁金曰太阴，小高金曰太阳，小木星曰紫气，小水星曰月孛，小火星曰罗，小土星曰计。或一个，或二个，二个大贵，一个亦大贵。此星不常有，乃龙藏至清至贵之气所发，遥见此星，便可决前有大地也。○龙格散见他处，兹不概图。

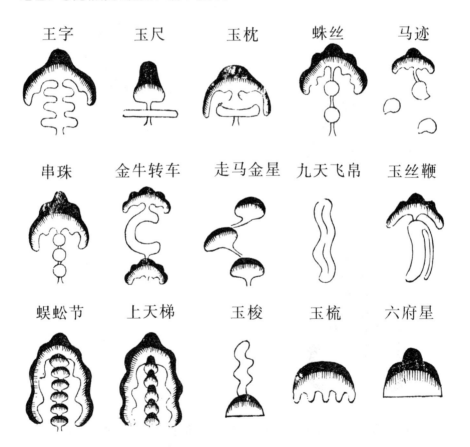

| 王字 | 玉尺 | 玉枕 | 蛛丝 | 马迹 |

| 串珠 | 金牛转车 | 走马金星 | 九天飞帛 | 玉丝鞭 |

| 蜈蚣节 | 上天梯 | 玉梭 | 玉梳 | 六府星 |

带裀带褥，是谓富贵之形。铺席铺毡，更得中和之气。

《疑龙经》："贵龙行处有毡褥，毡褥之龙富贵局。问君毡褥如何认，龙下有坪如鳖裙。"

袅娜可爱，而欹斜则堪嫌。低小可裁，而瘦削则无取。

《雪心赋》："虽低小不宜瘦削。虽屈曲不要欹斜。"

一起一伏而有力，谓之示强。一栖一闪而多端，谓之弄态。

《披肝露胆经》："起不能伏伏不起，此龙怯弱无力气。起而即伏伏即起，此龙气旺力无比。"《金函赋注》："凡行度要一动一静、一仰一履、一生一死、一顿一跌方好，若粗蠢及瘦小者为单雌，瘦小而崎走者为单雄，名孤绝之地。"

望之长而步之短，龙必直行。望之短而步之长，龙必曲转。

《发挥》："凡龙望之若近，寻之却远，此是龙势之玄。屈折逶迤摆布，所以若近而实远，此最为上等龙。若龙虽远而行易至，此是龙径直，而无活动摆布，非美地也。"

直行者劣相，多是虚窜。曲转者高情，必有实落。脉以屈曲为贵，而一线之脉，屈曲大甚，反畏缩而不前。龙以跌断为真，而五里之龙，跌断过多，恐胎孕之不固。

《拨砂经》："龙跌断才起，复又跌断，此等行龙，惟势长结穴远者为宜。若龙头穴近，则生育太繁，保合未固，主贫弱败绝。"《达僧问答》："龙无顿伏者，病在形困。顿跌过多者，病在力倦。"《地学》："山冈高大布置远，跌断愈多力愈显。低小只宜三五峡，跌断太多恐力倦。若要峡多力不倦，除非再起星头现。出石藏石有骨气，那更怕他断了断。"

寻龙须识背面，而至贵者却无背面之分。察脉必审行踪，而至奇者却怪行踪之隐。

凡观龙之法，须识背面。面必宽平，背必陡峻；面必有脚，背必无枝；面必水缠，背必风荡；面必美秀，背必恶顽；面必有情，背必无意；面必有成，背必无结。惟至贵之龙，两边枝脚均匀，俱有裀褥，俱有遮护，俱有情人相，无背面之可分也。凡察龙之脉，须行踪明白。惟至奇之龙，脱落平洋，穿田渡水，蛛丝马迹，佯诈多端，行踪潜隐，不易测也。

《雪心赋》："蛛丝马迹无龙神，落泊以难明。"《披肝露胆经》："龙有变化人莫测，或显或隐认不得。势有佯诈之多端，藏踪问迹难寻觅。"

枝脚

既悉行度之美恶，载观枝脚之吉凶。枝者如木之有枝，无枝不长。脚者如兽之有脚，无脚不行。左张右张，形同桡棹。顺出逆出，势分送迎。

如舟非桡棹不行，故以桡棹喻枝脚也。脚顺出者曰送，逆出者曰迎。然惟护峡处可以逆出，非言一概可逆也。

龙长者枝脚亦长，龙短者枝脚亦短。龙吉者枝脚亦吉，龙凶者枝脚亦凶。龙无枝脚谓之奴，峡无枝脚谓之漏。反背无情谓之逆，臃肿不驯谓之顽。岩巉带石谓之凶，绵薄少土谓之活。分劈太重谓之劫，散漫不收谓之虚。

凡龙虽贵有辟有泄，枝脚蕃衍，而自有旁正尊卑之不同，故好龙正气自专。若分枝劈脉，拖拽太重，则分散精气，谓之天劫，亦谓之鬼劫。谢氏曰："龙脉摆劫散乱去，鬼劫分夺散生气。鬼劫之龙力弱衰，只为寺观神庙地。"《坤鉴歌》："劈脉分枝是鬼龙，直如鸾颈曲如弓。小名为鬼大为劫，只为神庙有灵通。"

边长边短谓之偏，边美边恶谓之病。

枝脚贵长短相称，边长边短则偏，而不能融结。若短边却傍祖山，贴身障护，又不可以长短不均论。谚云："一祖当千山。"如人之奴仆护从虽多，不若祖宗庇荫福泽犹大也。○边大边小，边重边轻，亦以偏论。

尖如刀刺谓之杀，细如绳拖谓之绵。

尖利如刀，反射本身，故谓之杀。

斩指断头，皆为恶态。抛枪投算，总属丑形。

更有如插竹提筐、黄头鸭颈、烟包灰囊、卧尸覆杓，如茅叶之乱，死蛇之靡，皆恶形也。

校正对者为优，有梧桐之目。枝斜对者为次，有芍药之称。

《玉髓经》："停均惟有梧桐枝，双送双迎两平势。对节分生作穿心，此龙百中无一二。"又曰："一等名为芍药枝，左右相生亦相似。分处光圆有枝叶，交互亦有均停理。"

梧桐枝　　　　芍药枝

时左时右者为蒹葭，犹堪选用。边有边无者为杨柳，无所取裁。

时而左边出脚，时而右边出脚，如一蒹葭枝者，犹可取用。若边有边无，则开脚一边，必为朝人而设，奴龙而已。《玉髓经》："左有右无过一节，右有左无本非异。此名原是蒹葭样，但要星辰得地位。"又曰："又有偏生杨柳枝，边有边无极乖异。此名原是受偏处，半枯半荣无意味。"○更有枝脚一边长一边短，木不均匀，却节节中出，其枝短一边，有一大枝缠送到头，谓之卷帘殿试格。《玉髓经》："却有偏生极贵龙，名为卷帘登殿试。不论偏斜，黄甲及第。"

蒹葭枝　　　杨柳枝　　　帘卷殿试

旺龙枝繁，而护缠如蜂屯蚁聚。耗龙绪多，而背散如汞泼珠倾。大约左右最贵均匀，而稠繁尤宜驯顺。落处成形则格愈贵，顿处有力则龙愈雄。

《人子须知》："凡后龙节节枝脚垂落处，如起星辰，成形象，前去必结大地。"《一粒粟》所谓"不贵其见而贵其不见"，正此谓也。天乙、太乙主位居台阁，日月辅弼主位至公孤。玉佩文官武将，主王侯极品。男仓女库，主人财富盛。展旗顿戟主威武，左右侍从主尊荣。旗旄诰轴、御屏锦帐，主出将入相；印笏主神童状元。

脚后顺而前逆者勿扦，脚后逆而前顺者可穴。

行龙枝脚，反逆向后，谓之逆龙，误葬主子孙悖逆，瘟火离乡。左逆右顺，则祸长房。右逆左顺，则祸幼房。若后龙逆将结时，有几节顺出，则可穴矣。

开帐　缠护

若夫龙身发旺，必展翅而中抽；帐脚铺张，必垂肩而旁落。龙不关帐不贵，脉不穿心不尊。

《疑龙经》："贵龙重重出入帐，贱龙无帐空雄强。"《撼龙经》："帐中有线穿心行，帐不穿心不入相。"

龙大者帐必长，或兼程难尽。龙小者帐必短，或一望可穷。春笋一林，木帐之高格。芙蓉九脑水帐之擅场。

立木连起如林，谓之一林春笋，乃木星帐之奇格也。更有土星上顿起无数木星，谓之满床牙笏，亦木帐贵格，皆世所罕有，前朝有此亦大贵。九脑芙蓉，乃水星帐之贵格，即连金是也。更有八脑、七脑、六脑、五脑、四脑不同。大抵奇数者必起顶中出，偶数者必透空中出。透空出脉，收两山之气，常生异人。

一林春笋

九脑芙蓉

八脑芙蓉

列炬烧天，火帐之胜。连城插地，土帐之雄。

木上出火，谓之烈炬烧天，乃火星帐之大格也。更有土上出火，如锯齿样，谓之锯齿排云；金上出火，谓之鸡冠；水上出火，谓之龙焰，皆火帐贵格。土星无数，如屏插地，横连数十里，谓之连城帐。此格极贵，主胙土分茅，多在火星之下，离祖行龙第二层也，前去必穿金水等帐，方有化气。○按：金星无帐者，连金即是水，故旧无金帐之格。

列炬烧天

连城土帐

或如个字之形，或如丁字之样。

龙直来直去，则作十字、个字帐。横来直转，则作丁字帐。

或作飞鹅而出，或起华盖而来。

华盖乃金水体也。肩高为华盖，展翅为飞鹅，飞鹅无肩即为个字。个字不拘水体，多是木星。

飞鹅

华盖

个字

帐下如现贵八，品斯上矣。帐角如带异物，龙亦壮哉。

《撼龙经》："帐幕多时贵亦多，一重只是富豪样。两帐两幕是真龙，帐里贵人最为上。"《入式歌》："若还开帐要中出，角落未为吉。两重三重开府衙，一重只富家。若有贵人居帐下，此格真无价。"《地学》："凡帐须论结稍，一开两翅，虽撑踏阔远，甚为有力，及到角上，若不成形，不著力顿住，只如此嘹杀了，帐亦不甚贵，故必视结稍。或左旗右鼓，或左旗右枪，或左天仓右地库，大者或左右更成龙楼凤阁之形，或作飞凤麒麟、青狮白象，方为有结稍，其穿帐中行者，贵可知矣。"○一说：开帐之后，两肘特起圆峰，及堕角土星，不与本身联属，此暗仓暗库星也，主大富。○帐下木星高起为贵人，高于帐者，谓之出帐贵人；低于帐者，谓之入帐贵人。○按：帐角成形，与枝脚落处成形，皆所谓"不贵其见而贵其不见"，特一是帐，一是枝脚，故分晰言之。

帐下贵人

帐重叠者，极大之龙，而一二亦可取；出中正者，至贵之格，而左右亦堪裁。帐者如君子攸居，必有帏幕；缠者如贵人所在，必多仆奴。缠山以称为优，若高大则欺主；卫山以多为贵，若凹缺则受风。

《发挥》："贵龙全在护从多。"《撼龙经》："龙若无缠又无送，纵有真龙不堪用。护缠多爱到穴前，三重五重福绵延。一重护卫一代富，护卫十重宰相地。两重亦主典专城，一重只出丞簿尉。"《披肝露胆经》："真龙定然有送迎，夹从缠护无空缺。龙若无缠又无送，纵有真龙不堪用。缠护愈多愈有力，众山众水来会聚。浑如大将坐中军，罗列队伍俱齐备。"

缠山亦生桠枝，枝嫌尖射。卫山亦分背面，面贵趋承。

凡缠护之山，亦生枝脚，忌尖射。正龙大抵多边有边无，未必两边相等也。《披肝露胆经》："若是缠龙侧面走，一边无棹一边有。顶面常顾黄龙身，不敢抛离闲处行。"凡护卫之山，必分背、面，向正龙者必面也。《撼龙经》："护龙亦自有背面，背后如壁面平夷。"《人子须知》："凡护龙背向者，必无结作。护龙面向者，始可寻地。"

缠而曰龙，亦有起伏顿跌之势。情则顾主，不免奴颜婢膝之形。若举足而不敢稍离，若投身而不能自主，虽成星峰而不贵，虽带形穴而亦微。

《疑龙经》："背斜面直号飞峰，此是真龙夹从龙。"又曰："朝迎护从亦有穴，形穴虽成有优劣。"

枝龙分脉作缠，如小官之行，随身带从。干龙外山为护，如大官之出，到处来迎。

枝龙多是本身自生枝脚，以作缠护；干龙则取远迎远送、大缠大护，在眼界宽阔中认之。《经》云："不知干长缠亦长，外州外县山为伴。"又曰："大凡干龙行尽处，外山隔水来相顾。"《玉髓经》："小地结果论送迎，大地迎送隔江水。"

雄龙雌护为宜，雌龙雄缠为贵。必有配合之妙，乃见造化之真。

如龙势之来，正干雄健，谓之雄龙。两边护送之山，须柔顺婉转，不与争强。如龙来委蛇，一派软嫩，谓之雌龙。两边护送之山，须势雄力健，与之相配，必如此，正干乃结。有缠护而雌雄不配者亦结，但非真造化也。《铁弹子》："雄龙须要雌龙御，雌龙须要雄龙护。"《撼龙经》："两肩分作两护龙，此是兄弟同祖宗。兄弟便为缠护龙，前迎后送生雌雄。雌若为龙雄作应，雄若为龙雌听命。问君如何辨雌雄，高低肥瘦两不同。低肥为雌雄高瘠，只于此处识真踪。"《囊金》："山势雄猛，冈阜磊落，起峰尊大，则为雄龙。山势低弱，宛宛而来，如蛇之行，略有起伏，则为雌龙。"○附《司马陀头水法》："山有雌雄，无起伏之山为雌，有起伏之山为雄。"

过峡

既审缠情，载观峡迹。

《地学》："峡乃跌断处也，大者为关为伏，紧者为束气，微者为过细，而总名之曰峡。"又曰："峡亦名关，何也？大者为关，小者为峡；远穴为关，近穴为峡。"

龙必束峡而气始敛，不束则气不能扬。人必结咽而声始长，不结则声不能出。观峡情之美恶，知龙气之吉凶。固真龙之至情，实相地之要术。其峡也有山峡、田峡、石峡、水峡、之不一，其过也有长过、短过、正过、偷过之不同。巧嫩逶迤，为峡之妙。平落细锁，见龙之奇。至大者有崩山洪水之名，至贵者有鹤膝腰之品。

石梁渡水，其形有十，谓之十大崩洪峡：曰摸石、曰节目、曰马迹、曰螺蚌、曰交角、曰之字、曰也字、曰川字、曰十字、曰断续。术家谓之崩洪者，朋山为崩，两山对峙是也；共水为洪，二水分流是也。《撼龙经》："崩洪节目最为强，气脉相连无断绝。"《入式歌》："崩山洪水难寻脉，石上留真迹。唤作崩洪有十名，官贵此中生。"鹤膝者，峡脉气旺，中起节泡，两头小而中大，如鹤之膝也。蜂腰者，峡脉细嫩，两头大而中细欲断，如蜂之腰也。《疑龙经》："一断二断断了断，鹤膝蜂腰真吉地。"

摸石　　节目　　马迹　　螺蚌　　交角

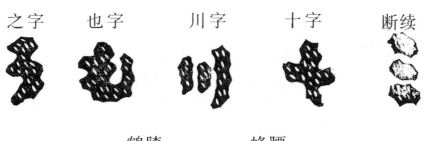

之字　　也字　　川字　　十字　　断续

鹤膝　　　　峰腰

至隐者如马之留迹，至微者如梭之带丝。硬腰软腰，力量有别。双脉单脉，融结无殊。

凡过峡两头顿起，星辰中间跌断而过，谓之硬腰过。若两头不起星，懒怛而过，谓之软腰过。《披肝露胆经》："硬腰过与软腰过，或者结地犹堪作。软腰过者不堪裁，气弱无力束不来。"《地理小卷》："软腰过者结地必小，易兴易败。双出单出者，过峡出脉之或双或单也。更有三脉五脉，隐怪难明者。"

本山出脚曰送迎，偏废则可畏。外山贴身曰扛夹，空缺则堪虞。

送者顺送也，迎者逆迎也。其迎龙之枝，虽是逆转迎峡，却不可认为逆龙。盖逆龙枝脚，一一望后，而正身挺然独出，故曰逆龙。此则虽逆转一二枝脚顾峡，其正龙自向前顺去，随身枝脚尤多且长也。胡氏曰："一种逆龙是迎接，反身双双开两胁。接取来龙好处传，此是龙生好枝叶。逆龙虽逆亦无害，一种交加是护峡。此等皆为富贵龙，左右均平龙在中。"

有送有迎　有送无迎　无送有迎　外山扛来

切忌风摇，尤防水刷。水刷则剥束喉之气，风摇则伤入首之神。

《八段锦》："龙过峡，认踪由，高低脊脉莫模糊。最要两边生护转，却愁一水过横流。"《雪心赋》："过峡若值风摇，作穴定知力浅。"《披肝露胆经》："过峡有扛并有护，免被风吹脉脊露。过峡无扛又无护，风吹气散龙虚度。"

两山旁夹如成形，一脉中抽斯入相。日月旗鼓，皆为贵征；仓库柜厨，总属富兆。

更有天马贵人、金箱玉印、垂缨串珠、龟蛇狮象、剑笏戈矛等形，皆贵格也。谷堆、烂钱、瓣钱、摊衣、质库、银瓶、金樽等形，皆富格也。《金函赋注》："两边扛护，星辰方圆，端正秀丽，主贵。粗肥蛮饱，仓库连珠，主富。势如抛枪、刺竹、死鳝、死蛇者，贫贱之地。"○又峡之大者，送迎长远。其间有收水之山，亦谓之罗星。《地学》："也有罗星塞水口，似此名为关峡城。也有当关锁钥将，浑如恶杀与凶神。"○陈氏曰："方而小为金箱，圆而小为玉印。"

峡左无护，长子受伤。峡右无遮，三子招损。

凡峡左无砂遮护，定损长房，四七房同断。峡右无砂遮护，定损三房，六九房同断。不但过峡处为然，凡行度处无缠护，及结穴处无缠护送托，皆同此断。

星成五吉，为福之机。星成四凶，为祸之箸。

过峡两头之山，喜成星体，是吉星则穴吉，是凶星则穴凶。"五吉""四凶"注详后。

峡阔者认灰线之脉，而太阔则气浮。峡长者喜护卫之山，而太长则力弱。故长者不如短者之贵，阔者不如狭者之真。

《披肝露胆经》："过峡宜短不宜长，长则力弱气已伤。过峡宜细不宜粗，粗则气浊穴则无。过峡宜狭不宜阔，阔则气散龙力乏。"○一说：峡虽阔，而中间有草蛇灰线，微高之脊，则两边皆为毡褥，谓之霞被峡，主大富贵。

低过者忌伤残，残则元神不固。高过者忌悍硬，硬则暴气未除。峡中最嫌抽枝，是真鬼劫之脉。束处须防破土，亦等虫蛀之龙。

凡龙分劈重者皆谓之劫，然或分而为缠护，为下关，犹可取用；惟过峡束气之处，断不可抽出脉去。此处分枝，乃为真劫，谓其劫夺精气也。凡龙被穿凿，谓之蛀龙，而过峡处更忌。过峡一经穿凿，则脉坏而无复生气矣。

过水必扬石踪，一真始度。穿田须露脉脊，八字乃分。

诀云："漏脉过时看不得，留心仔细看龙格。穿河渡水过其踪，认他石骨为真脉。"《太华经》："石脉过时龙骨现，真龙露骨出奇形。"

吉龙有放有收，多岐则杀净。顽龙不跌不断，无峡则气凶。

有等凶龙，奔走迢递而来，全不过峡跌断，直至穴场。虽有星峰之美，屈曲之势，堂局之固，然无峡则无脱卸，杀气未除，不知者贪其美处而误下之，必主凶祸。

是以寻龙者须识峡中之机缄，而审峡者可卜穴中之秘妙。

《人子须知》："寻龙妙诀不难知，但向峡中究隐微。师若肯传峡里诀，倾囊倒箧泄天机。"

来雄去弱，其落也非遥。来弱去雄，其行也尚远。

凡过脉来高大而去低小者，谓之阴气低伏。脉渐渐而息，去三五节即止。若来低小而去高大者，阳太盛，其气旺于顶，行度尚远。○一说：凡峡短狭，脉直过者，穴必近；峡长阔，脉曲过者，穴必远。

雌雄未判，是必无成。阴阳既分，而将有结。

凡将入首之峡，阳过者要阴媾，阴过者要阳媾。若阴过而无阳接，阳过而无阴接，此单雌单雄，无生生化化之妙。必再过一峡，剥换一脉，配合阴阳，方结穴也。《金函赋注》："峡有阴阳者，形如覆掌，阴也；仰掌，阳也。若来处仰而去处覆，来处覆而去处仰，即阳来阴受、阴来阳受之义也。若过峡不分阴阳，便为贱地矣。"○又一说：凡峡亦看胎伏。阴过阳接者，前胎后伏，雌雄相配，必结吉穴。若阳遇阴接，虽有交媾，乃前伏后胎，阴阳不顺，不能成穴。必再过一峡，阴过阳接，乃有融结。

阴过阳接峡　　　阳过阴接峡

如精包血，其结也窝钳。如血包精，其结也乳突。

凡过脉之体平坦者为阳，属血；覆脊者为阴，属精。如覆脊多而平坦少，是为阴中有阳，谓之精包血，则坤道成女，前去必结窝钳之穴。如平坦多而覆脊少，是为阳中有阴，谓之血包精，则乾道成男，前去必结乳突之穴。《倒杖诀》："阴乳恰如男子样，阳窝偏似妇人形。"

峡正出者，结穴亦正。峡偏出者，结穴亦偏。左出则穴居右边，右出则穴居左畔。透顶出脉者，穴在下。就脚出脉者，穴在颠。石过者穴在石间，水过者穴在水际。子午过者穴子午，艮坤过者穴艮坤。左扛不足者穴左亦亏，右夹不周者穴右亦缺。峡左砂短者龙先到，峡右砂短者虎光临。峡上护多则穴多拥从，峡间护少则穴少包缠。余固以是而推，理则断有可据。

地理啖蔗录卷二

剥换

夫来而忽断，可以观龙之情。断而复生，可以审龙之变。龙不剥换不育，山不退卸不清。或老干而变嫩枝，或粗形而变秀气。

《撼龙经》："一剥一换大生细，从大剥小真奇异。剥换如人换好裳，如蝉退壳蚕退筐。"《入式歌》："退卸剥换粗易细，凶星变吉气。老龙抽出嫩枝柯，跌断不嫌多。"《发挥》："龙无传变穿落则无造化，不经退卸则无秀气。虽有奔走之势，摆折之形，亦为伪龙。多是奴从之山，不必寻穴。"

或由乱而生治，或自高而落低。从凶变吉者可扦，从吉变凶者勿穴。

凡后龙行度死硬懒弱，臃肿歪斜，及到将结处却透迤生动，端正秀丽，而有精神，谓之从凶变吉，可以下穴。只行至后龙凶处，其家始败。若后龙行度磊落曲转，及到将结处却直硬糢糊，粗顽破碎，各种劣状，谓之从吉变凶，断不可下穴。

五星以有间为贵，太纯则无成。五曜以相生为优，受克则有损。

五星相错，谓之间星。

四凶必间五吉，否则无化气而不胎。五吉必间四凶，否则无威权而不贵。

九星以贪、巨、武、辅、弼为五吉星，谓其体势端方，头面光彩，尖则清秀，圆则肥满，方则平正，故吉。以文、廉、破、禄为四凶星，谓其体势倚欹，头面臃肿，峻嶒窜险，恶石巉岩，故凶。四凶行龙，必间五吉，始能成胎结穴。五吉行龙，必间四凶，其龙始能分牙布爪。四凶不间五吉，则无化气，即作穴决犯刑凶。五吉不间四凶，则无威权，即作穴不出显贵。○九星详后。虽有九星，只是五星之变，仍可以五星该之。

金星磊落似可爱，不变则为连气天罡。水星曲折似可观，不变则为顺流扫荡。

《披肝露胆经》："木火行龙耸卓立，时师皆言为上格。若是孤阳无水土，刚木燥火断不结。有等金星磊磊落，只无水间不开阳。时人尽道大剥小，那知顽金不结作。"又曰："临江湖海山将尽，行龙多是水星形。中或金木火一间，知落结穴在低平。如无化气定不结，这样荡体不须寻。"

水纯则泻，火纯则燥，无所取诸。金纯则顽，水纯则刚，将为用尔。故三阳须二阴为纬，而二阴必三阳相参。

金木火为三阳星，水土为二阴星。

连气则阳独阴孤，初无孕意。化气则阳变阴，合乃有生机。

五星不变，皆为连气。

然而五星之中，尤以二阴为要。龙无水则不活，得水则龙成；格无土则不丰，得土则格重。

龙若无水，则直硬顽罡，一片杀气，焉能融结？必龙身上有一点水星，此水即龙受胎之处，前面必定结穴。故相龙者先相有水无水，有水便是受胎，无水是不受胎也。然此水不在大体上相，在出脉断伏处相。凡出脉断伏处，若三摆三动，或有水珠、蜂腰、鹤膝、走马、串珠、抛梭、织锦、之玄、人字，皆是水也，前去必结真穴。盖水者天一之生气，万物之所借以养也。龙身中间起得一座土屏，则力量博大，决结封拜大地。若无土屏，则龙身不厚重，承载大福不起，决不能结大地。虽木火中穴，亦有位至三公者，究难免丧身覆家之祸，无土则承借不厚故也。盖土为大母，万物之所借以载；而御屏帝座又至贵之格也，故不识水不能辨地之有无，不识土不能辨地之大小。水土者，龙家之命脉也。○廖金精曰：二十四龙应二十四气，七十二龙应七十二候。天三生木，地八成之，逢三则变，所以遇三摆、三折、三动，则有变化之功。三摆应三候为一气，一气变成龙，故一字行龙必微微见三摆，不然则不结真穴。二十四字行龙仿此。

故众星不离禄存而立，诸曜常挟文曲以行。

禄存土也，文曲水也。《撼龙经》："木星行龙皆要禄。"又曰："天下山山有禄存。"又曰："九星皆挟文曲行，若无文曲星无变。"《铁弹子》："五星不离火土体。"○众星但得禄存土，便有化气有结作。然欲得大物，必以御屏土为上，如上文之说。

火变土而土变金，逢生则吉。土变水而水变火，遇克则凶。

《囊金》："如水星峰，则水生木，木生火，火生土，土生金，金生水。迢迢起峰，节节生旺，是为富贵极品之大地。"《统一全书》："言五行，无非相生则吉，相克则凶。如龙来是金，则金生水，水生木，木生火，火生土，土生金，金又生水，节节相生，迢迢至穴，乃大富贵之地，而又绵远。如有一二节相克，亦大富贵，但有起倒而已。"

五星连而相生，产名贤而得位。五星缀而相克，出巨贼而怀才。

五星串连而不相间，谓之五星连珠，相生者吉，相克者凶。生有顺生、逆生两格，克有顺克、逆克两格。如来龙先是火，次土、次金、次水、次木，为顺生；如穴后先是木，再后为火、为土、为金、为水，为逆生，俱至贵之格，主生人贤良，得位行道。如来龙先是水，次火、次金、次木、次土，为顺克；穴后先是火，再后为金、为木、为土、为水，为逆克，俱至凶之格，主怀逆犯上，杀身夷族。

连珠顺生　　　　　连珠逆生

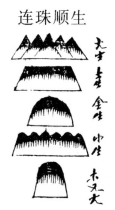

连珠顺尅

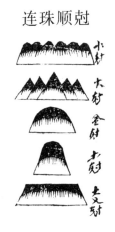

连珠逆尅

木借金成，而穿金则伐。木须火煖，而穿火则焚。

木借金以成器，而行度之间，穿金太甚，则为金所伐而木死。如龙长来历好，不合便休，必真脉闪出，故出此截路之金，以止旁泄之气也。木行阴道，无火不发，所以木火相得，谓之木火通明。然须去木稍远，或在后作火城，或在外洋作火秀，或左右帐角有火作旗枪，借火煖木，乃为贵也。若行度穿火，木前火，谓之发木火；火下木，谓之益火木，即成煨烬，无复生机矣。其或列木峰头，有石尖出，是为大曜，木吐火华，不为木害。

火剥金而克金，四山得土，则金有助。金变木而克木，两畔得火，则金已衰。

得土以生金，得火以制金，则不畏克，谓之救星。○按刘氏《囊金》云："如土星行龙，水星作穴，土克水，本凶，左右得木救，得金助，亦吉。"是于穴星上讲制化也，与所谓"母星克子死绝亡"之旨异矣。盖母克子则子死，非左右之山所能制化也，不如于行度相克处讲救星为是。

斯固制化之机，以观乾坤之妙。

行止　将入首

剥换既悉，行止当详。

《青囊奥语》第一义，要识龙身行与止。

其行也必有委蛇不住之情，其止也必有尊重不动之势。形止者有作，形动者无成。

《葬书》："形类百动，葬者非宜。四应前案，法同忌之。"言形止如尸，居之不动，方可扦穴。若类百物之动，则非所宜葬也。非惟主山，但目前所见飞走摆窜之山，皆当居之。

大抵水走砂飞龙方行，水聚山会龙欲止。手足向前能欲止，手足向后龙方行。

《撼龙经》："停棹向前穴即近，发棹向后龙未停。桡棹向后忽峰起，定有真龙居此地。"

枝疏叶少龙尚行，枝繁叶密龙将止。

《天机素书》："叶盛枝繁，须寻腰结；叶疏枝朗，尽处好裁。"

藏牙缩爪龙将止，分牙露爪龙尚行。本干也剥为嫩枝，可卜藏于兹上。本枝也变为老干，当问津于前途。

《天机素书》：干剥嫩枝，吉将在兹。枝剥老干，其行尚远。

山直走而水直流，无足观矣。山大弯而水大曲，于此求之。

《青乌经》："山走水直，从人寄食。"《疑龙经》："凡山大曲，水大转，必有王侯居此间。"又曰："曲转之余必生枝，枝上必为小关局。"《天机素书》："干脊大势若回转，曲中定有枝可挨。"《雪心赋》："水不乱弯，弯则气全。"

一滩复有一滩，横去而又去之地。一潭复有一潭，见结非一结之龙。非盖帐不巢，非垣局不入。阴胜非阳不住，阳胜非阴不栖。

《铁弹子》："阴胜逢阳则止，阳胜逢阴则住。"

于其至乖，知其将落。于其大动，知其有成。

将作穴，山必乖变，方高乍低、方大乍小是也。将作穴，山必曲动，方东行而忽西顾，方北去而忽南行。《撼龙经》所谓"真龙落处阴阳乱"是也。

主山端重清奇，到头斯贵；折山伶俐巧嫩，入首方真。

主山，少祖山也。真龙行度既远，必复起主山，再行三四节即结。若节数尚多，则同住跸山论，非主山也，必另起主山方可。无主山而行度起伏曲折者亦结，但力量薄耳。到头第一节为入首，第二节为折山。

故行龙至将结之间，必有至贵之气；而到头无入格之相，必非真结之龙。

术论千里来龙，先看到头几节。到头几节内，成走马、串珠、芦鞭、三台、王字、中字、之字、抛梭、展翅、飞蛾等贵格，固结大穴。但是起伏活弄，秀丽非常，亦必有结作。若到头懒缓死硬，臃肿直长，纵砂木皆美，必非真结。

或真寄于伪落之先，或实闪于虚门之侧。

《堪舆管见》："人每于尽龙处直扦，不知先已转向横作穴矣，或先已翻身作顾祖穴矣，又正龙行或作偏穴矣，又龙趋下或作高穴矣。"

察之宜详，求之必得。

穴星

星特起而开面，是为穴郭。龙大上而成形，是为气海。娇嫩可爱谓之秀，圆浮无瑕谓之清，端正不倚谓之严，丰润不枯谓之足。

《铁弹子》：泥丸不满气不充，言结穴处必丰满光润，如孩儿头。泥丸精髓满足，其色乃华。若一有缺陷薄削，则气必枯槁，不成穴矣。

舒畅自由谓之达，轩昂自贵谓之尊。

《青乌经》："福厚之地，雍容不迫。"

退而不露谓之藏，娇然不群谓之特。

刘青田曰：凡真龙结穴，必不出身露体，献头露面，以泄真气。古人云：“好龙却是闺中女，帐幕藏身不露形”，正此谓也。《葬书》：“群巃众支，当择其特。大则特小，小则特大。”《天机素书》：“群山低小取乎大，群山高大向细安。并直而曲者为贵，众伸而缩者为最。”《一粒粟》：“十高一低，低处最奇。十低一高，高出贤豪。十大一小，小者为妙。十小一大，富贵经耐。十短一长，拥从为良。”《地学》：“群山直走一山横，横肱箕坐无旁人。自是一横收众直，宛宛之中认主星。”又曰：“群山皆缩一山长，自行自止自商量。单生断不寻穷尽，多从腰里侧开堂。自回自转收山水，其余群短尽归降。”又曰：“群山迢迢一山短，短者横行还委宛。群长作护喜多枝，短者靠脊行不远。此是主人负城居，穿山出脉暗度险。俗人不识穿山脉，只说主人来历短。”

　　四势皆平谓之称，四方无缺谓之安。巧而非常谓之奇，拙而难测谓之怪。众山揖而不走，招之则来。众水顾而欲留，吸之斯得。诸贵排而送媚，一元静而养真。斯固栖龙之窠，实乃宿福之宅。曰朝水，曰横水，曰据水，曰去水，曰无水，水有五局之殊。曰直龙，曰横龙，曰回龙，曰飞龙，曰潜龙，龙有五格之异。

　　朝水者，或溪或河，当面来朝也。横水者，从左从右，横抱穴前也。据水者，穴前水汇成湖渚，穴据而有之也。去水者，水自穴前流去也，亦曰顺水局。无水者，穴结干坡，山势盘聚而不见，明堂之水也，亦曰旱龙局，亦曰干流局。凡龙结穴，只此五局。直龙者，龙直来，顶对来脉结穴也。横龙者，龙横来横结也。回龙者，龙翻身逆势，回而顾祖也。飞龙者，龙高起如飞，而结上聚仰高之穴也。潜龙者，龙落平洋，而潜踪于田畴湖渚之间也。凡龙入首，只此五格。《入式歌》：“直龙原是撞背来，中出贵徘徊。横龙原是从侧落，逆转须磅礴。回龙原是逆翻身，顾祖要逡巡。飞龙原是结上聚，昂首真奇异。潜龙原是落平洋，撒脉自悠扬。”

　　然相龙固在观格，而卜穴必先审星。古人分五星以定名，后人详九曜而尽变。

　　贪狼木、巨门土、禄存土、文曲水、廉贞火、武曲金、破军金、左辅金、右弼水，杨氏之龙山九星也，又谓之老九星。九星之中，惟弼星无定形，故不图。太阳金、太阴金、金水水、紫气木、凹脑双脑平脑土、孤曜金、天罡金、燥火火、扫荡水，廖氏之穴山九星也，又谓之天机九星，以其本于《天机素书》也。土星三体皆谓之天财者，土能生财主富，言财自天而下也。歌曰："贪狼顿笏初生，巨门走马屏风列。文曲排牙似柳枝，惟有禄存猪屎节。廉贞梳齿挂破衣，武曲馒头圆更突。破军破伞拍板同，左辅蟆头无别法。"又歌曰："九个星辰有正形，细说与君听。太阳端正覆钟样，太阴半月象。金水原来似凤翼，紫气笏囊垂。天财三体形有异，凹脑展诰是。双脑贵人立马容，平脑御屏风。天罡张盖形相并，孤曜如覆磬。燥火尖刀最是凶，扫荡展旗同。"又歌曰："九星圆者号太阳，太阴圆带方。圆而曲者名金水，木星直如矢。方是天财三脑分，凹脑土金身。双脑合形本金水，平脑土星是。此名五吉是为高，辨别在分毫。头圆两脚拖尖尾，便是天罡体。头圆脚直孤曜当，燥火尖似枪。扫荡一身浑是曲，四者为凶局。"〇按：天罡孤曜有两格，一格头圆脚尖为天罡，头圆脚直为孤曜；一格太阳之顽饱者即天罡，太阴之顽饱者即孤曜。今图从前格。

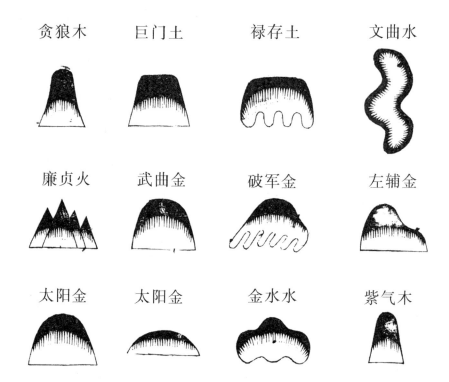

贪狼木	巨门土	禄存土	文曲水
廉贞火	武曲金	破军金	左辅金
太阳金	太阳金	金水水	紫气木

凹脑土　　双脑土　　平脑土　　天罡金

孤曜金　　燥火火　　扫荡水

　　细参九星九变之格，详辨五吉四凶之形。

　　穴山九星，每星有正体、开口、悬乳、弓脚、双臂、单股、侧脑、没骨、平面九格，谓之九变，详廖氏《九星穴法》中。正体者，无龙无虎也。开口者，下无乳也。悬乳者，上起顶、下垂乳而龙虎均匀也。弓脚者，龙虎一长一短也。双臂者，重龙重虎。单股者，或有龙无虎，或有虎无龙也。侧脑者，顶不正也。没骨者，无顶也。平面者，坦夷仰卧也。太阳、太阴、金水、紫气、天财，为五吉。天罡、孤曜、燥火、扫荡，为四凶。歌曰："九个星辰又变九，正体皆居首。开口第二悬乳三，太极晕中涵。四是弓脚五双臂，单股居六位。七为侧脑不须疑，没骨八为奇。平面原来居第九，九变不离首。"

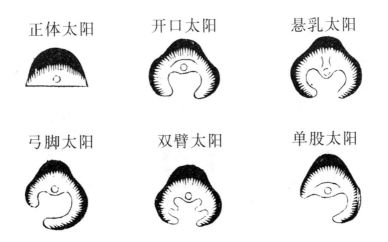

正体太阳　　开口太阳　　悬乳太阳

弓脚太阳　　双臂太阳　　单股太阳

侧脑太阳　　没骨太阳　　平面太阳

此太阳九变也。其余诸星，每星皆有正体、开口、悬乳、弓脚、双臂、单股、侧脑、没骨、平面九体，以此类推，图不重赘。

星以成象为尊，难辨则无取。曜以合体为贵，太纯亦可忧。非金非土曰峦肤，不火不木为杂气。

《雪心赋》："土不土而金不金，参形杂势。木不木而火不火，炫目惑心。盖土之小巧者类金，木之尖乱者似火。"

金与水合为金水，金与土合为太阴，土与金合为天财，木与金合为紫气。

此皆所谓合体也，惟太阳一星，五行皆备。

涸水焦土，总无穴情；枯木顽金，有何生意？低金无晦魄，与孤曜何殊？高金不转皮，与天罡无异。故金星肩硬，即作罡观；木星头尖，即同火论。金中蕴火，则火毒方蒸；火下垂金，则金液已竭。

《地学》："邱延翰论金星，有鸟喙、侧子等名，皆金中蕴火，有大毒，其无口者勿论矣。即开口作窟，其中火毒，仍能杀人。审是，真龙正穴，必预开圹穴数年，多经风雨，消其毒气，然后用之，庶免初年之祸。"

天雄　　　鸟头　　　鸟喙

侧子　　　　木鳖

水星最宜脚转，土星切喜头平。质瘦是为木星，身肥则曰紫气。

木星　　　　紫气

凹脑二金一土，不畏腰长。双脑一水二金，最宜腰短。

凹脑两金夹土，双脑两金夹水。水体柔，故忌长喜短；土体坚，故虽长不忌，然总不如短者为妙，短则两山之间生气盎然而可穴也。〇凡双脑天财，腰长则为水胜，主出黄肿。

孤罡本恶体，而形之小者堪裁。金土本吉星，而形之大者可畏。炎上者火之性，故多出高山。润下者水之情，故多出平地。平洋多水多土，得金为优。高山多木多金，得土为尚。落有初中末之三等，体有兼贴衬之三端。

初落者，离祖不远即结也。中落者，龙行至中途，复起少祖结穴也。末落者，龙行至尽处乃结也。李淳风曰："龙有旺于初者，有盛于中者，有归于尽者。"《明山宝鉴》："有少龙之穴，有中龙之穴，有尽龙之穴。"《入式歌》："初落由来近祖山，局势必须完。中落余枝作城郭，吉气于斯泊。末落名为大尽龙，气势故豪雄。"兼者，如金星脚下带水，谓之摆荡。带火谓之摆燥，又如木星脚下转土、转火、转水皆是也。贴者，如穴星面上另贴一小星，而体不可分，如贴物然，远看则无，近看则有是也。衬者，如穴星面上另衬一小星，如衣之有衬，明是两件，稍稍可分是也。贴衬二者，俱要与主星不相刑克为吉。《铁弹子》："星体有正有附，兼贴衬之宜辨。"

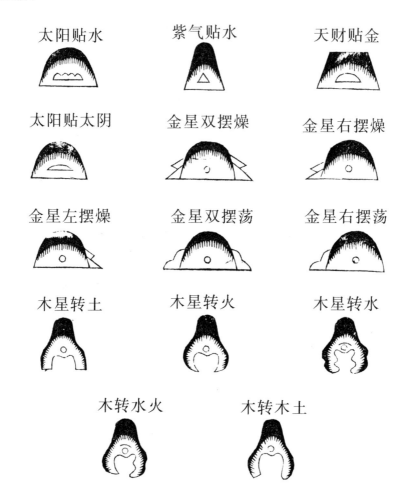

太阳贴水　　紫气贴水　　天财贴金

太阳贴太阴　　金星双摆燥　　金星右摆燥

金星左摆燥　　金星双摆荡　　金星右摆荡

木星转土　　木星转火　　木星转水

木转水火　　木转木土

诸星之脚，皆有兼体。图此为式，余以类推。又廖氏《拨砂经》所图兼体，是一星身上而兼数体，又有显兼、隐兼之别，并附图于此。

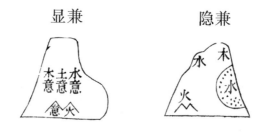

显兼　　隐兼

《拨砂经》特立一星，左畔曲者，兼水意也；右畔直者，兼木意也；山麓之凌烁，兼火意也；面之平者兼土，面之饱者兼孤罡之意也。此兼之显而易知者也。或左直而润生窝，直者木而润者窝者，兼水意也。或右弯而燥，带石湾者水；而燥者石者，兼火兼罡意也。此兼之隐而难见者也。○又一说："凡兼星东看似木，西看似金；或东看似水，西看是土，亦曰兼体。"

垂珠与赘疣须分，倒气与游胲必辨。毋认石以作玉，勿假目而混珠。

此皆所谓衬贴也。《拨砂经》："垂珠难认，倒气尤难认。垂珠上下四旁圆，有弦棱；倒气自上而下偏，如坦腹。"又曰："垂珠者圆中之圆，游胲者尖中之圆，倒气者水中之圆，赘疣者土中之圆。"又曰："赘疣属阴，竚立而凝。游胲属阳，走而不定。二形孤曜之微茫，诸龙之毒气。"

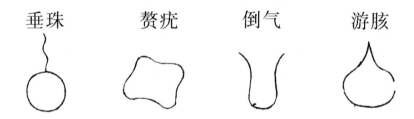

垂珠　　　　赘疣　　　　倒气　　　　游胲

既审衬贴之情，载观生克之妙。木多金少，火多水少，是身壮而仇孤。木少金多，火少水多，是身单而仇众。寡不可以敌众，弱不可以敌强。故木克于金，而木多则金缺；水克于土，而水大则土崩。木居东则向荣，催于西而茂于北。火居南则助焰，灭于北而盛于东。

《雪心赋》："木之妙无过于东方，北受生而西受克。火之炎独尊于南位，北受克而东受生。"

火西土北为身衰，最畏乎水木。火南木东为身旺，何忧乎水金。

火居西，土居北，为不得位而身衰，故畏克。火居南，木居东，为得位而身旺，故不畏克。

居克位者，忌见克星。故西木忌金，北火忌水。居生位者，忌逢生曜。故东木忌水，北水忌金。

如木星在西方，已为西金所克，而前后左右又见金星，则重克而死矣。火星在北方，已为北水所克，而前后左右又见水星，则重克而死矣。又如木星居东，已在旺方，而又见水星以生之，则未免太旺，故忌见水也。水星居北，已在旺方，而又见金星以生之，则未免太旺，故忌见金也

金木并居，离仇被伤而无恐。土水并处，震敌受制而何忧。

金本克木，而两星共处离方，则金为离火所伤而无恐矣。土本克水，而两星共处震方，则土为震木所制而无忧矣。

土水共处东方，火金共处北方，借我生者以相制。水火共居震位，金木共居坎位，借生我者以相扶。

土本克水，而两星共处东方，则木气本旺，而水又生木，木转克土，而土不能克水矣；火本克金，而两星共处北方，则水气本旺，而金又生水，水转克火，而火不能克水矣，是借我生者以相制也。水本克火，而两星共居震位，则震木能生火，火之气旺，而水不能为害矣；金本克木，而两星共居坎位，则坎水能生木，木之气旺，而金不能为害矣，是借生我者以相扶也。

木受克而初凶，后龙遇水则终吉。金结穴而初吉，后龙遇火则终凶。

如木星结穴，前后左右，或有金来克，则主初年凶败。及行到后龙，得水星以生之，则化凶为吉矣。如金星结穴，局势完美，初下亦吉。及行到后龙，遇火星以克之，则变吉为凶矣。《雪心赋》："先破后成，多是水能生木。始荣终滞。只是火去克金。"

子弱则看母星，母强则子有救。身衰则看朋曜，朋来则身可帮。

如金星结穴，被火相克，少祖及父母山是土星，则土能生金，为有救也。如本主是木星衰弱，砂上又得木星，则同气可以扶身，而不畏弱也。

息星克母则荣，母星克息则灭。故前山可以克后，而后山不可克前。

子克母有破胎而出之理，母克子则子死矣，所谓"息星克母子荣昌，母星克子死绝亡"是也。又《吴公解义》云："木星入土星，一甲辅朝廷"，亦取从下克上之义。

本不足者，喜生喜扶。本太旺者，宜克宜泄。

如本主木星衰弱，砂上宜见水以生之，见木以扶之。如本主木星旺盛，砂上宜见金以克之，见火以泄之。

惟主山得中和之气，斯从山忌生克之情。他如水盛木漂，土盛金理，相生者有相反之理；而金借火煅，木借金斲，相克者有相成之功。盖星之幻化无方，而理取安和为上。若夫痈肿峻急，都是恶形；软荡倚斜，总为陋状。

《撼龙经》："凡起星辰不许斜，更嫌生脚照他家。"

数痕直下为垂泪，一痕横截为斩头。水穿膊为断肩，石夹上为碎脑。剖腹者槽生腹上，陷足者水浸足间。绷面脉多而横拖，饱肚脉粗而中满。

《入式歌》："绷面横生脉数条，生气自潜消。饱肚粗如覆箕样，丑恶那堪相。"○饱肚又谓之金刚肚绝。

童头不草不木，疙脑如癣如疮。

山无草木为童山，山有黑白石相杂，憔悴无色为疙头。《葬书》："气以生和，而童山不可葬也。"

四山高锁谓之囚，一山近逼谓之压。

《葬书》："山囚水流，虏王灭侯。"《雪心赋》："形如囚狱，与祥云捧月何殊。"○一说：四山共围一山，谓之暗。○又：前山展翅，既开复收，如作穴状，亦谓之囚狱。山中有墩阜，或古墓纵横，皆大凶。

土被伤谓之断，山尚走谓之过。

《葬书》："气因形来，而断山不可葬也。气以势止，而过山不可葬也。"又《青华秘髓》云："一息不来身是壳"，亦言断也。

直硬为杀之雄，岩巉为杀之恶。

《葬书》："势因土行，而石山不可葬也。"

懒坦为气之弱，尖细为气之衰。

董氏曰："枪头休下，鼠尾莫扦。"

散漫为气之零，沮洳为气之绝。势幽蔽者狐鬼之窟，狐虚耗者蛇鼠之乡。

凡四山高蔽，三阳不照，为狐鬼所聚，不可求穴，《锦囊经》所谓"日月不照，龙神不依"是也。凡山气虚耗，则蛇鼠得以穿漏，亦不可于此妄下。蔡文节曰："诸家葬书，莫不以蛇窠蚁穴为戒，而时俗辄以掘地得生气之说饰其非，卒以取祸。"

脉贵顶则为阴纯，脉贯口则为阴极。所以穴后以露脊为大忌，而穴前以生嘴为至嫌。

穴后露脊，谓之剑脊龙。穴前生嘴，谓之玄武吐舌，亦曰地劫。《入式歌》："第二休寻剑脊龙，杀师在其中。"《三宝经》："元武若教长吐舌，定知杀却少年儿。"

孤露则风撼而魂漂，凹缺则风射而尸覆。

《葬书》："气以龙会，而独山不可葬也。"《入式歌》："第三最忌凹风穴，决定人丁绝。"

面陡而无袵无褥，身倾而若泻若流。

《葬书》："势如流水，生人皆鬼。"《雪心赋》："形似乱衣，妻必淫，女必妬。势如流水，家必败，人必亡。"

头分股如羊蹄之形，脑开折如牛肋之样。

《雪心赋》：头分两指似羊蹄，出人忤逆。脑生数摺如牛肋，犯法徒刑。《仙婆集》：忤逆之山如羊蹄，恶子败门闾。

平而肿者曰鳖背，平而薄者曰鳖裙。

平面臃肿，全无体势，谓之死鳖背，势平而渐下渐薄，谓之鳖裙绝。

如鹅头者可危，如牛腿者不善。

管虢诗括：山如牛腿号琵琶，男好贪杯女好花。

凡皆恶候，切勿误扦。

地理唻蓙录卷三

穴法

夫穴者，天地氤氲之精，山川自然之妙。

点穴须识"自然"二字，若有一毫勉强，则非穴矣。

如首之有髓，如卵之有黄。辨之有毫厘之差，失之人则千里之远。

《神宝经》：毫厘之谬，如隔万山。尺寸之违，便同千里。

大抵山有立、眠、坐之三势，穴有天、地、人之三停。

《泄天机》："一个星辰有三势，立眠坐各异。立是身耸气上浮，天穴此中求。眠是身仰气下坠，地穴如斯是。坐是身曲气中藏，人穴最相当。"

欲识穴情，先观山体。仰势之山气坠，穴宜低求；立势之山气浮，穴宜高作。

《立锥赋》："星辰耸者，天穴高结；势如偃仰，穴居低下。"《寸金赋》："势如偃仰兮穴居下。"

势急脉大者，穴其缓处；势缓脉缩者，穴其急中。

《道法双谭》："脉大雄勇者，病于气急，当闪其煞。脉大袅长者，病于气缓，当凑其急。脉太短缩者，病于气微，当乘其盛。"

平和则当心中藏，粗雄则就胁旁立。

《穴情赋》："粗雄带侧寻。"

侧脑则详其侧处，正体则审其正中。

《道法双谭》："正面取中，仄面取角。"

边死边生则挨生，边急边缓则就缓。

《发微论》："有气者为生，无气者为死。脉活动者为生，粗硬者为死。

龙势推左，则左为生，右为死。龙势推右，则右为生，左为死。瘦中取肉，则瘦处死，肉处生。饱中取饥，则饥处生，饱处死。"《金函赋注》："贴身砂，先到为生，后到为死。两边界水，紧处为生，宽处为死。穴中厚边为生，薄边为死。点穴要挨生处三分，是挨生气出死气也。"

脉阔形扁，当扣其弦；股重钳深，当倚其成。

《穴情赋》："扁大临弦出。"《道法双谭》："脉大扁阔者，病于气散，当扣其弦。"《达僧问答》："钳坡深而股重，取其节气，倚其盛大。"

龙从左来穴右落，龙从右来穴左安。龙从横来穴直藏，龙从直来穴横受。

《疑龙经》："龙从左来穴居右，只为回来方入首。龙从右来穴居左，只为藏形如转磨。"又曰："横龙却向直中扦，直龙却向横中处。"

平地阳有余而阴不足，起土处为真。高山阳不足而阴有余，落坪处最贵。既详本山之势，载观四方之情。四山耸则穴高，四山伏则穴下。

四山高则畏压，穴当高；四山低则畏风，穴当下。

朝山伏则穴下，朝山耸则穴高。

《疑龙经》："真龙藏倖穴难寻，惟有朝山识倖心。朝若高时高处下，朝若低时低处斟。"

朝山近则穴高，朝山远则穴下，龙虎低则穴下，龙虎高则穴高。

《疑龙经》："左右低时在低处，左右高时在高冈。"董氏曰："龙虎低则避风，就明堂扦地穴。龙虎高则避压，舍明堂寻天穴。"

龙有力则倚龙，虎有力则倚虎。

范氏曰："龙强安穴必随龙，虎强安穴必从虎。"

虎先到则倚虎，龙先到则倚龙。龙逆水则倚龙，虎逆水则倚虎。龙包虎则穿虎，虎包龙则穿龙。

《胎腹经》：若见左砂抱右，则以棺脚收拾，右砂右水不走；若见右砂抱左，则以棺脚收拾，左砂左水不走，大抵取先到堂者收拾。《经》云："到头赶取二龙水，便是富豪地。"

龙直虎弓，穴居右畔。龙弓虎直，穴居左隅。

龙直虎抱，则生气在右，故穴右。龙抱虎直，则生气在左，故穴左。

左单提则左挨，右单提则右插。堂水聚右则右插，堂水聚左则左挨。

凡立穴，须看明堂水聚何处，聚于左则穴居左，聚于右则穴居右，聚于中则穴居中，所谓"真龙聚处看明堂"是也。

水城抱左则左挨，水城抱右则右插。

《疑龙经》："山随水曲抱弯弯，有穴分明在此间。"

秀应在右则右插，秀应在左则左挨。

秀应谓朝山之秀而应也。

左山压则右挨，右山压则左插；前山压则退后，后山压则向前。上见乱石则向前，下见散石则退后。上浑沦而下明晰，就脚安坟；下散乱而上清纯，登高作穴。

《拨砂经》："脚下散乱，求止于顶上之清。顶上浑沦，求止于脚下之清。"

远粗近秀，穴低下而避远朝。内泻外关，穴高取而收外势。堂水边明边暗，则就暗边；龙虎股短股长，则靠长股。既审四方之势，载观五行之精。认星必真而无讹，裁穴始的而不爽。

《疑龙经》："观星裁穴始为真，不论星辰是虚诳。"

金星扦金则伤亢，法取水窝。水星扦水则犯柔，法取金顶。

金必葬水，水者何？窝是也。窝在顶穴顶，在腹穴腹，在脚穴脚，窝偏穴偏，不拘立体眠体，惟视窝所在耳。然必脚下不出脉方真，若垂手吐乳，乳头宛宛嫩活者，亦水也。金生水乳，母珍其子，子依其母，亦吉穴也。诀云："金星开口，量金用斗。"《地学》："金星刚硬穴依子，即窝即穴无差矣。窝在顶上穴囟门，窝在面上穴口里。窝在当胸即穴心，窝在脚下即穴趾。窝正穴正审三停，窝如偏落即穴倚。无窝有䈽要天然，须上对山观起止。水必葬金，金者何？突是也。必挨金者，柔用刚也。不拘正、偏、斜、侧，金在穴在，后乘金，前开口，斯穴真矣。"《五星葬法》："水星不宜下水穴，葬了人丁绝。好寻金顶问根源，富贵子孙贤。"《地学》：

"水星柔弱穴依母，水头必圆当金处。挨金取气不犯弱，窝钳凑入簷毬里。"

水星葬突葬泡，无突泡则取圈口钳中。木星葬眼葬芽，无眼芽则取锹皮软处。

水有突泡，即金顶也。无突泡则取圈口者，开口圆处即是转金，故可穴。木必葬水眼，即窝穴水也。芽者，木生嫩乳如萌芽，然萌芽动处，中涵水意，亦水穴也。立木葬眼，眠木葬芽，此定法也。无眼芽则取软处者，软处即是转水，故可穴。《地学》："木星专专取生意，何为生息水即是。水能生木木涵水，生根生芽生枝叶。开花结菜生无限，看来只是一团水。"〇一说：木星葬眼葬节葬芽，眼为水，固是正法；节为金，为子克母；芽为火，为母依子，故皆可葬。大抵立木必葬水，眠木则兼取火金。立木葬水窝，如柳眼窥春、灵鹊栖巢之类是也。

倒木横落，勿截腰以安坟。眠木直来，毋当头而下穴。

横木当腰下穴，则犯斩脉煞，须以突、窝、钳、口为凭，寻节苞，立撞穴。《吴公口诀》："倒地木星长百丈，不论横直皆可葬。直寻粘倚莫当头，横要中间苞节旺。"直木当头下穴，则犯斗脉煞，须寻苞节作倚穴。粗大而有毡唇，则作粘穴。《吴公口诀》："木星居下当头穴，斗煞人丁绝。或粘或倚穴为奇，闪脱要君知。"〇按：木不穴头，固也。若长冈带水，意者可下垂头穴，术家谓之紫气垂头。

火炎而燥，倒而近水则可扦。土厚而藏，泄而流金则可穴。

火不结穴，其性至燥，金入之则镕，木入之则焚，水入之则涸，土入之则焦。惟剥换多而成眠体，穿田至水边，乃有结作。断法所谓"五七火星连节起，列土侯王地。脱落平洋近大江，结穴始相当"是也。然廖氏《九星穴法》中，立体火星转水者亦结，盖既大开水窝，则水火既济，于火下觅平土立穴，穴依其子，亦是吉葬，地理之所以不可以一端论也。土必葬金，金者突也，土厚气粗，必生金以泄其气乃可。穴在腹者，谓土腹流金。微有金意者，谓土腹藏金。在角者，谓土角流金。微有金意者，谓土角藏金。突在窝中固佳，突在平中亦穴所也。《地学》："土星作穴亦依子，必是窝中有突体。土腹藏金中正穴，土角流金亦可喜。土不穴窝窝是水，上克下兮母刑子。若果龙真窝气好，大作金堆当窝底。肩窝角窝与边窝，生金作金法同拟。作金又觉无凭据，便规上弦取旺气。不然吐下合提盆，水出盆曰是生气。"○按：土垂手吐木乳，为子克母，破胎而出，亦可穴。

厚土不见金意，法当破角见金。顽金略有水情，法当开孤取水。

土必葬金，无金则破土成金亦可穴。在腹曰破腹见金，在角曰破角见金。顽金即孤罡也，必有生成微窝，乃可大开，谓之开金取水。

头圆脚直为金战木，须登高而择水窝。头圆脚尖为火战金，必骑刑而剪火嘴。

头圆脚直，为金木战，而不受穴。取金顶下水窝以葬，谓之挨金取水法。盖金本克木，得水间之，则有相生之理而不克也。头肩脚尖为火金战而不受，穴取金顶下水窝以葬，谓之骑刑剪火法。盖火本克金，得水间之，则水火相济而不为害，诀所谓"金头火脚，葬火消铄。火脚金头，葬水封侯"是也。二者即《立锥赋》所谓"元武嘴长高处点"，盖高则群凶降伏，亦压煞穴之类也。○一说："金头木脚，葬金犯刚，葬木受杀。于金木相交处，审有微微窝厝，用工打开，见晕见土乃葬。前开小塘，照水池作法坐穴，但见池埂弯护，不见木乳奔去，谓之开金取水。"又曰："斩官若坐穴，乳化为唇，则不须开池。若土色恶，或愈开愈见石，则仍弃而不用也。挨金剪火作池之法，亦与此同。"

阴龙阳穴为妙，故水土则取金扦。阳龙阴穴为宜，故木金则取水葬。

水土峦头，阴龙也，不宜开口成水窝，重见阴穴，谓之重阴无化气，主黄肿败绝，故取泡、突，以阳济阴也。金木行龙，阳龙也。不宜生乳生突，重见阳穴，谓之纯阳无化气，主孤寡败绝，故取开窝、开口，以阴济阳也。此又总释上文之意。《五星葬法》："阳龙下了阳龙绝，阴龙下了阴龙灭。阳龙阴顶好安坟，阴龙阳穴堪裁折。"○按：地理以高起者为阴，凹平者为阳，此何以以乳、突为阳，窝、钳为阴也？盖以形体言，则凸者为阴，凹者为阳；以星体言，则金本为阳，水土为阴。乳、突乃金木之穴，故为阳；窝、钳乃水穴，故为阴也。

水由阴盛，火由阳极，盛极者杀气之蒸。木禀阳冲，金禀阴和，冲和者生气之萃。

木荣于东，故性禀阳冲。金本阳星，以辉于西，故性禀阴和。

避煞故水火之穴少，迎生故金木之穴多。

《披肝露胆经》："五星惟取土木金，名曰三吉为吉穴。"

然五星究不相离，而一体则必兼备。木芽木节，即火即金；金窝金钳，即水即木。

芽即火也，节即金也。开窝处即水，开钳处即木。

穴间界合，亦是水情。穴复圆平，便为上体。木之摆动处即水，水之坚实处即金。金木交而成大材，水火济而调至味。斯以成两间之大局，亦可见五气之妙机。取所相需，略所相克。

金木交，水火济，为天地间两大局。所谓相克者，有相成之理也。

若夫杖法有十二之异，作法有十六之殊。

顺杖、逆杖、缩杖、离杖、没杖、穿杖、开杖、截杖、对杖、缀杖、顿杖、犯杖，杨氏之十二杖法也。盖、粘、倚、撞、斩、截、吊、坠、正、求、架、折、挨、并、斜、插，杨氏之十六作法也。《入式歌》："星中太极最元微，于焉生两仪。若是动时分四象，脉息窟突状。脉是有脊晕中生，息是再成形。窟是有窝在平面，突是泡形见。阳龙息突忌相逢，阴龙脉窟凶。脉象开井分四样，盖粘并倚撞。脉缓用盖急用粘，直倚横撞尖。息象开井有四类，斩截并吊坠。息短用斩长截当，高吊低坠藏。窟象开井有四诀，正求与架折。窟狭用正阔用求，深架浅折收。突象开井有四法，挨并与斜插。突单用扶双并中，正斜偏插同。"

足以剖乾坤之缄，凿混沌之窍。然杖法虽有十二等，总不出窝钳乳突之中。作法虽有十六端，总不外盖粘倚撞之理。来势徐缓以盖论，来势雄急以粘观。

盖者取覆盖之义，脉来平缓，势成上聚，揭高放棺，《土牛歌》所谓"缓来不妨安绝顶"是也。然亦要留顶，脑后要有靠，乐不可露风。粘者取粘缀之义，脉来雄急，势成下聚，就低放棺，《土牛歌》所谓"急时何妨葬深泥"是也。然亦要留脚，忌水淋穴背。

来势直硬以倚观，来势中和以撞论。

倚者取倚靠之义，脉来急直，势成中聚，挨旁放棺，然亦须靠来脉，不可就虚脱气。撞者取冲撞之义，脉来不急不缓，势成中聚，就中放棺，然亦有轻撞重撞之分，惟视气脉之厚薄以为准。

火木不可盖，水土岂能粘。土星不作倚扦，五星皆有撞法。

火葬其焰则焚，木葬其末则危。土葬其饱，岂可脱而粘；水葬其涌，岂可缓而粘。土星葬倚则崩。

顶薄忌盖，褥薄忌粘，详加斟酌。斜铺难倚，润铺难撞，细为消详。他如窝突之流形，莫非五行之精气。直者为木，圆者为金。弯曲者水之情，尖利者火之象。

《拨砂经》：窝突之形体，非止圆而已。圆乃金之一体，五行之范物，未尝少离，故二象之见于规格者，亦有长直而为木者，弯曲而为水者，尖利而为火者，亦有合体而为兼气者。

乳有长短大小之异，钳有长短曲直之殊。

长乳者，两掬中垂乳长也，不宜太长，太长则脉不活。短乳者，两掬中垂乳短也，不可太短，太短则力微。须短得其宜，界水明白，方为合格。大乳者，两掬中垂乳大也，不宜太大，大而粗峻则非真穴。小乳者，两掬中出乳小也，不宜太小，小而微薄则真气不到。长钳者，两脚皆长也，不可太长，太长则元辰直泻，须长得其宜，婉媚为佳；若近有低案横抱，虽长不忌。短钳者，左右两脚皆短也，不宜太短，太短则护穴不过，开脚不真，须短得其中，或外有抱卫，方为合格；若短而外无包裹，穴必孤寒，非真结也。直者，两脚皆直也，切忌长硬，须婉媚短小方佳。曲者，两脚弯曲也，如牛角样，弓抱穴场，左右交牙尤妙。以上皆乳钳正格。

长乳 短乳 大乳

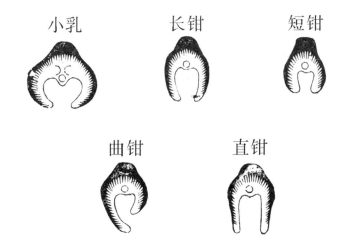

窝有浅深润狭之不齐，突有大小明暗之不类。

　　浅窝者，开口中平浅也。须窝中圆净，两掬弓抱，懒坦无情则非。深窝者，开口中深藏也，须深得其宜，若太深坑陷则非穴也。阔窝者，口中宽阔也，不宜太阔，太阔是空亡虚冷之地，气不凝聚，决不可下。狭窝者，口中狭小也，须如燕巢鸡窠之类。大突者，其突高大，虽大不宜粗肿。小突者，其突低小，虽小不宜微弱。明突者，大突小突之明白可见者也，不宜太明，太明则非真结。暗突者，突之模糊不明者也，又谓之鹘突。穴星阔大，微有异水，粗看则无，细看则有，亦太极晕之类。以上皆窝突正格。○按：窝之太深太阔者，中有微乳微突则可穴，其说详后。

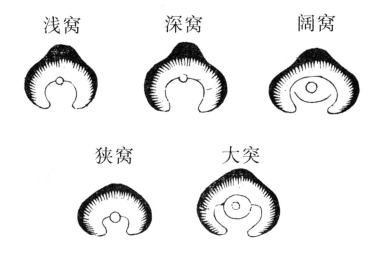

小突

鹘突

乳有侧乳闪乳，为乳之幻形。钳有分钳合钳，为钳之变格。

侧乳者，乳从侧落，偏于一畔，本身龙虎，边有边无，要外山凑集，方为合格。闪乳者，乳从偏落，闪在一边，龙势到此起顶，偏下作穴，而中出之乳，粗硬斜曲，无穴可下，正气闪在一旁，乃以中乳为龙虎护卫之砂，龙从左来闪乳在右，龙从右来闪乳在左。亦有龙脉中起均匀，两穴皆可下者。最宜乳头光净，两掬有情，不粗不峻，方为合格。若粗饱峻急，瘦弱微小，则非真结。分钳者，星辰开口结穴，而两钳分向左右，须钳中藏聚，登穴不见分飞之势，下有毡唇，外有包裹，真气融结，方为合格。合钳者，即所谓玉筯夹馒头也。气从两钳而合，故曰合钳，须毡唇圆整，曜气应证，星辰仰面，方为合格。凡此皆乳、钳之变体也。更有双乳三乳亦乳之变，详《扦法》中。

侧乳

闪乳

分钳

合钳

边窝足贵，法扦其中。并突为奇，法扦其介。

边窝者，窝之弦棱欠缺，一边星面峻急，不能融结，却于其中吐出平坡，如铺毡吐唇，而一边微起弯抱，是为边窝。切忌窝中太阔及坑陷，太阔则生气不聚，坑陷则造化不融，皆不可下。并突者，两突相粘连也，法当扦交界之间。两突合气融聚在中，故曰并。惟大龙旺盛者，方能有此。凡此皆窝、突之变格也。更有并窝、三窝、双突、三突，皆变体，详《扦法》中。

边窝　　　　并突

乳穴最畏风射，钳穴切忌水淋。

《疑龙经》："乳头之穴怕风缺，风若入来人灭绝。必须低下避风吹，莫道低时鳖裙绝。"又曰："钳穴如钗挂壁隈，惟嫌顶上有水来。钗头不圆多破碎，水倾穴内必生灾。"

乳以圆润为真，钳以圆净为贵。钳如歪陷，即是山湾。乳如曲斜，便为山脚。

凡窝钳之穴，须圆净宛曲，嫌偏歪陡陷。《疑龙经》："窝形须要曲如窠，左右不容少偏陂。偏陂不可名窝穴，倒仄倾摧奈祸何。"凡乳穴须圆润端正，嫌枯瘦斜曲。《疑龙经》："凡是穴乳曲即非，曲是抱里非正穴。"《九星穴法》："正者为乳，斜者为脚。"

乳欲下坠而有蓄，突欲渐隆而有余。

乳必上小下大，坠而有蓄，乃为真乳。突必渐渐隆起，其足阔铺，则余气多，而界水不削，乃为真突。若凸然而起，及界水逼近者，多是赘疣之气，非真突也。

钳欲后丰而有头，窝欲中平而有肉。

钳必后有隆圆之体，乃为真钳。窝必内无棱坎，隐然渐低，中有肉地，乃为真窝。若陡而为坎，及窝太深，中无肉地，乃假窝也。盖深而陡则肘臂重，其气不发于窝，而或流行于左右矣。○按：钳必后丰，窝穴亦须后丰，若脑薄则是水槽，非真窝也。

见谓有乳，须防地空。见谓有窝，须防天败。

凡左右无大砂遮护，谓之天空。虽有龙虎，而穴之左右无贴身，阴砂不能拦水上堂，谓之地空。诀云："天空扫人贫，地空扫人绝。"凡崩陷之所，气败处也，谓之天败。若误认为窝而下之，主绝。

乳突之浮土略少，其盈必流。窝钳之浮土自多，其谦必益。

乳突，物践雨侵，故浮土少；若大窝大钳，在深山茂林之中，草枯木烂水堆积，多历年所，故浮土多，亦地道"流盈益谦"之意也。凡窝钳之穴，须用工开之，乃见真土。

乳突不可大饱，饱而有窝则可扦。窝钳不可太深，深而有乳则可穴。

凡乳突之穴，不可太高。太大而高者为老阴，不能生化，须大乳大突中，微有阳窝，谓之老阴媾少阳，扦微窝处。《三宝经》所谓"螺蛳开腌路，不怕金刚肚"是也。凡窝钳之穴，不可太深，太大而深者为老阳，不能生化，须大窝大钳中出微乳微突，谓之老阳媾少阴，扦乳突上，《三宝经》所谓"窝窝燕子巢，休卯处成凸"是也。○按《道法双谭》云："窝之脑薄者水槽，乳之光突者阴杀"，亦言乳不生靥生窝，非真穴也。又窝中有突则葬突，即古人所谓"宁水中坐，毋水底眠"之意。盖葬突则为水中坐，无突而葬，则竟水底眠矣，奚可哉！

突不葬顶而葬褥，弃金从水之方。窝不葬心而葬弦，弃水从金之义。

《拨砂经》：突顶为老阴之止，窝心为老阳之止，止极而无生意，葬顶者犯燥，主强梁绝；葬心者犯湿，主衰弱绝。葬褥则褥转处便是水，故为弃金从水，是穴上"急来缓受"之义也。葬肱则弦弯处便是金，故为弃水从金，是穴上"缓来急受"之义也。

窝中有突，突中有窝，有处堪栽。窝弦生窝，突弦生突，生处可穴。

窝中复起小突，曰土宿；突上复生小窝，曰罗纹。《索总》："结穴星辰似覆锅，覆锅开口或生窝。莫非阴极阳生处，所以纹如指面罗。"又曰："结穴星辰有口开，口开唇下略生堆。亦惟阳极阴生处，土宿中生若覆杯。"

或有乳而不葬，乳落于乳旁；或有窝而不葬，窝闪于窝侧。

乳直硬不受穴，须作挂角穴以聚气，如正面平夷，似窝非窝，穴闪在一边，或落低平，作下聚穴。

或有突而不葬突，就下作粘；或有钳而不葬钳，登高作盖。

突大气旺不止，宜在突下平坡中取穴，以脱暴气。或大突下又有小突，圆净可穴，钳中陡峻，不能融结，则就脉弃钳而点盖穴，亦"缓来急受"之意。

高山不可葬突，太显而无涵蓄之情。平地不可葬窝，太隐而无特立之意。

《拨砂经》："高山宜作窝穴，盖体既高出，穴又突起，则生气不融，发泄太过，谓之忌突。平洋宜下突穴，盖穴既低落，势又窝藏，则保合未固，胎结未完，谓之忌窝。"○附《金钢钻》："高山葬窟，定形也，而有空窟之天狗；平地葬突，定形也，而有暴突之孤曜，葬之家破人亡。"

惟金忌突，有救则无虞。惟土忌窝，有救则反吉。

金星又结突泡，谓之金穴，纯阳无化气，主败绝。若大开两脚弯抱，则转而为水，中垂乳突，又为金穴，阳金生阴水，阴水又生阳金之穴，则有阴救阳，二气相配，有生生化化之妙，亦吉穴也。土星开微口，谓之水穴，土本克水，又纯阴无化气，主败绝。若口之内生出微茫金突泡以救之，则土生金，金生水，是阴生阳，阳又生阴，二气相配，有生生化化之妙，亦吉穴也。○按：金星忌突者，金既刚，突又带刚，谓之硬撞，硬撞不成穴。若金星垂两手，下复起突，突上开口，谓之大金剥小金，大金是龙格，小金是穴星，其相接处必有气化水，开口处又化水，化化无穷，有吉无凶。○按：土星忌窝者，窝是水，土克水，为母刑子，断不成穴。若果龙真穴的，穿山脉到，窝中肥厚圆好，又不可弃。法凭四应所到，打开墓头，大作圆堆，为土腹藏金之象，兜堂为偃月之形。盖顽土受气，饱而不得出，则中藏其毒，广凿而深取，则气行而毒化矣。土者金之母，土盛必生金，故作金堆。金必生水，故作水池。金堆者，从土气也。浮金无根，水安从生？复为偃月以聚之，使金水相映，所以助浮阳之气也。

突无脉谓之游胲，窝无脉谓之冷窠。

突土无脉，则无真气，其突也游胲而已。窝上无脉，则非真来，其窝也冷窠而已，亦曰空窠，亦曰干窠。○按：穴上审脉，此常理也。然晕之上亦分气、脉两种，阴曰脉，阳曰气，脉则起瘠分明而易见，气则平坦隐微而难明，必龙真穴的，证佐分明，方可扦穴。

穴上之脉宜微，显则生意大露。晕间之脉宜短，长则暴性未阑。

《至宝经》："脉来隐隐始为生，脉小微微是正形。隐隐微微方是穴，粗粗蠢蠢死无情。"

游脉之来，其来不属。孤息之止，其止不真。

《拨砂经》："脉为穴之主，穴为脉之辅。有穴无脉，谓之孤息。穴星之体，宏而且大，必有游脉，另聚左右，不知脉者，据而穴之，则情不专，而气不聚，不能致福。"

所以审穴必以审脉为先，而葬脉不如葬气为上。

拿穴法：有生成之龙，必有生成之穴，法当从后龙过峡处，脉脊上，一步步随脊脉曲折转动，逐寸跟缉前来，脉行亦行，脉止亦止。其脉之止处，即脉之生气滴断处也。滴断处自有阴阳交媾，牝牡相乘，结成毬簷。《铁弹子》："认气难于认脉，葬脉不如葬气。"

脉者，毬落间一线微见，有隐跃之形；气者，脉尽处一点微平，有精光之致。

凡脉之行，必敛而有脊，如草蛇灰线，虽不甚著，未尝无形，惟有脊，故属阴。气者脉尽处，平坦圆满，有一种精光融聚之致，惟平坦，故属阳。○按：此所谓气，乃脉尽处，一点微平，可葬之处，即穴晕是也，与上所谓"穴上之脉"不同。

葬脉恐犯阴煞，葬气斯得阳冲。

按木法：大凡接脉，不可将棺头直阙，只就一边下穴，左边接气，代代发长；右边接气，代代发小。穿左右则气从耳入，气入耳吉，气入脑凶。

然斗脉固非吉，扦而失脉，更为凶葬。棺不可以脱脉，脉不可以离棺，惟不即而不离，乃尽美而尽善。愚者昧于恍惚之际，知者辨之咫尺之间。既审脉情，载分煞气。

《泄天机》："点穴必先分四煞，留心莫乱挖。恶煞无过直与尖，真个得人嫌。两边圆净名全吉，藏煞为第一。无饶无减穴居中，妙用夺神功。穴下如生尖直脚，压煞穴宜作。骑龙高下自无凶，法与拟今同。气脉直来形势急，脱煞穴宜立。须知气脉落平夷，休嫌穴水泥。一边尖直来相从，闪煞穴宜用。从来倚穴亦如然，莫道穴居偏。"

脱煞与粘无异，藏煞与撞略同。压煞似盖而实非，闪煞似倚而稍远。知避煞之理则不召凶，识乘气之机则可致福。

《葬书》："葬者，乘生气也。"

大抵生气之萃，不外二气之精。阴来必借阳一嘘，非窝靥不下；阳来必借阴一吸，非珠泡不扦。

来如覆掌阴龙也，必有窝靥始可葬，借阳以一嘘也，无窝靥则纯阴无化气矣。来如仰掌阳龙也，必有珠泡始可葬，借阴以一吸也，无珠泡则纯阳无化气矣。四语乃穴法之总括，地理不易之则也。前言阴龙、阳龙以星言，此言阴龙、阳龙以形言也。《总索》："星如覆掌是阴龙，阴极阳生理在中。到穴略开窝有口，其形马迹正相同。"又曰："龙如仰掌是阳来，自是阳来阴受胎。凸起节包为正穴，覆杯相似不须猜。"《至宝经》："有阴无阳，葬了不昌。有阳无阴，此处休针。冲阳和阴，积玉堆金。阴来阳受，阳来阴就。"《道法双谭》："乳、坡、节、芽、梳、齿、犁、镤、戈、盾之类属阴穴，扦棱靥、唇口而取其阳；窝钳、仰掌、燕窠、鸡窠、铺毡、动浪之类属阳穴，扦珠泡、弦突而取其阴。阳来阴受，阴来阳受，此一定之法。"○附《空石长者捉脉图》："晕间凹陷者为阳穴，晕间凸起者为阴穴。就身作穴者为阳龙，宜阴穴；另起星峰作穴者为阴龙，宜阳穴。反此皆有凶咎。或上截凸起，下截凹陷；或下截凸起，上截凹陷，或左右凹凸相兼，皆为二气交感，不问阴阳龙皆可用。凡阴阳之穴，皆当饶减。惟二气交感之穴，则取阴阳之中，乃升降聚会之所，不用饶减。"○深者为窝，浅者为靥，真靥渐次收来，假靥乃人所为，上对山观之自明。

阴来阴裁，为祸也速；阳来阳受，为祸也迟。所以阳必升而与阴交，阴必降而与阳合。阴嘘阳魄乃孕，阳吸阴精始胎。然而万物生于阳而死于阴，虽阴穴必取平处；地理弃其老而用其少，而老胎必扦嫩中。

万物生于阳而死于阴，穴虽有阳受阴受之分，然终是喜阳，故乳粗阴重，穴取微窝；突硬阴重，穴取微厴，与"突不葬顶而葬簷"，皆取阳之义。古人谓撒糠地上，雨后糠聚处即穴，亦言阳也。又《道法双谭》云："阳受固要开面，阴受亦要开面。"倘突而无面，断为虚假，所谓"开面亦是阳"也。凡穴分而言之，突为老阴，乳为少阴；窝为老阳，钳为少阳。合而言之，乳突之粗者为老阴，小者为少阴；窝钳之深者为老阳，浅者为少阳。二少可用，二老不可用，间有用二老者亦必粗。突之中有微窝，为老阴媾少阳；深窝之中有微泡，为老阳媾少阴，是所谓"老胎必扦嫩"中也。《玉弹子》："阳少阴少谓之生，阳老阴老谓之杀，弃老用少是乘生气。"

虽阳变阴合而穴始成，必阴少阳多而气始善。

《铁弹子》："辨穴生死，须识阳多阴少。"《立锥赋》："阴少阳多得。"《葬法》："阳少阴多莫令强。"

斯固地理之极致，以观造化之真机。若夫后天未凿之山，必有先天已生之晕。一圈微明为太极，半月叠见为天轮。

太极者，太极晕也。凡结穴之处，必有真晕。或天心涌突，或天心落厴，皆晕也。谓之太极者，如太极图，然一圈周圆，而中含阴阳，谓之晕者，如日月在天，其旁有晕，无形而有影也。穴星既得，必审穴晕，必有此，穴方真的。若极晕之上，又有如半月状者，二三叠见，谓之天轮影，此大贵之征，不常有也。叶九升《六经注》："生气藏蓄于内，其上必有动气，动气者何？即凹突之穴晕是也。生气潜于下，晕形见于上，如鱼在水中一动，其水上自成一晕，见晕可以知鱼也。"沈六圃《地学》："问：晕既一个影子，毕竟是略高些子，还是略低些子？曰：须看阴阳，如在阳中求阴，则是略高些一个圈子；如在阴中求阳，则是略低些一个圈子。问：太极晕即是窝、钳、乳、突否？曰：不是，此须有辨。窝大则窝中又求晕，窝小即窝即晕；突大突中又求晕，突小即突即晕。钳、乳皆长，不问大小，必求其晕。"又曰："有外晕，有内晕。外晕凭以开圹，内晕凭以纳棺。"又曰："凡临晕必作旺气，开晕必涵生气。"又曰："内晕或一、二重，或多至八、九重，有晕心，多是碗大白土，适当金井正中，乃为得穴。"又曰："晕中看穿山，有如粗晕是石，嫩晕是土，其粗晕上，必有一条嫩土，穿山而来，这便是真穿山。穿过粗晕，发开为穴，乃真气透地而出，这便是真透地。"又曰："真穴有范围，有盖有底，范围即太极一圈也。盖则真土之粗者，或是石盖，底亦真土之粗者；或是石底，范围盖底之中精粹之土，恰好容棺，此天造地设，福德藏身之穴也。"又曰："有盖底而无范围，空山野土，亦有层数，不须称快；有范围而无盖底，浅深无度，晕气恐复不真。"

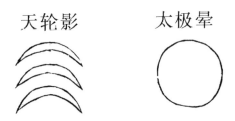

天轮影　　　　　太极晕

　　蟹眼虾须，相暗水于涓滴。蝉翼牛角，察阴砂于微芒。

　　是真穴，必有真砂真水。何谓真砂？两旁夹穴之微砂是也。以其甚细，故曰牛角；以其甚薄，故曰蝉翼。若无牛角蝉翼，为无真砂。何谓真水？砂内界穴之微水曰虾须水；两旁分水处曰蟹眼水，两水合处曰金鱼水。穴无蟹眼则无上分，无金鱼则无下合，为无真水。凡鱼吸水，口进而腮出，惟金鱼腮进而口出，故借以喻前合之水也。《狐首经》："金鱼不界，雌雄失经。局虽藏风，亦不可下。"《寸金赋》："金鱼荫腮兮，切忌溜牙。"

　　再审十字之峰，应对无差则穴的。更观八字之水，分合有据则穴真。

　　凡真穴，必后有盖山，前有照山，左右有夹耳山，谓之天心十道。四山如十字登对，谓之十道应；不对，为十道不应。《琢玉集》：发露天机真脉处，十字峰为据。凡真气融结，无有太极圆晕，晕之上弦，必有分水。弦棱突起，如毬之圆，故曰毬。下弦必有合水，如簷水滴断，故曰簷。此分合之水，即上所谓蟹眼、金鱼是也。惟上有分，下有合，谓之"阴阳交度"，亦曰"雌雄相食"。若上有分，下无合；上无分，下有合，谓之"阴

· 54 ·

阳不合度"，亦曰"雌雄失经"。毯上分水为第一分，又曰"一龙分水"；簷下合水为第一合，又曰"一龙水合"。气脉之聚散，融结之真假，全系乎此，为地理之玄窍也。又峦头后过脉处，分水为小八字，水为第二分，又曰"二龙水分"，界送气脉，前至龙虎关内交会，为第二合，又曰"二龙水合"，亦谓之"阴阳交度，雌雄相食"。又第二节龙格后，过脉分水处，为大八字水，为第三分，又曰"三龙水分"，界送气脉至穴前龙虎关外，缠龙内交会，为第三合，亦曰"三龙水合"。但此三龙之水，交会不常，或合于中堂之前，为顺水局；或合于青龙之左，或合于白虎之右，为横水局；或合于峦头二三节之后，为逆水局。此三分三合之水，亦不可太拘，上地有三分合，中地有二分合，下地有一分合。若无第一分合之水，不可言地矣。《葬法》："后倚三龙山，前亲三龙水。"《神宝经》："三合三分，见穴土乘金之理。两片两翼，察相水印木之情。"《金函赋》："坐下若无三合水，面前空有万重山。"

十道登对　　　　十道不对

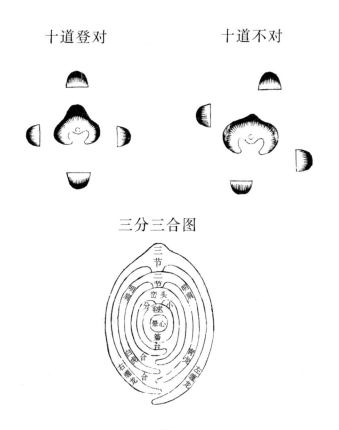

三分三合图

上有临头，始免淋头之患。下有合脚，乃无割脚之虞。

有圆毯在穴晕之上，谓之临头，有此则水不淋头；有合襟在穴晕之下，谓之合脚，有此则水不割脚，乃为真穴，一不备则假矣。《总索》："临头合脚地方真，上下由来真气凝。上枕毯簷端且正，合襟下对自分明。"又曰："无毯披水是淋头，无合名为割脚流。或有上来无下合，这般假地不须求。"○按：毯簷之簷有两说，有以穴晕之下合襟之上为簷者，有以圆毯之下穴晕之上为簷者，今两仍之。

晕必若有若无，造化始具；水必边明边暗，阴阳乃和。

凡真晕只在有无仿佛之间，太显露者非真造化也。《拨砂经》："晕形亦贴之意味，精之所露，穴之所止，不论正变皆有之，必须近看则有，远视则无。人人所共见而可指者，此生意泄尽，无涵蓄之气，为福不久也，必边明边暗者为尚。"吴白云曰："阴阳之气聚处，小而不大，精而不粗，微而不显，藏踪隐迹，而不可见。"《画筴图》："其精愈藏，其神愈隐，而其穴愈真。"诀云："隐隐微微，仿仿佛佛。粗看有形，细看无物。"凡真穴，必二气冲和，方为生气。故夹穴之水，必股明股暗。其明者深也，属阴；其暗者浅也，属阳，为二气之交感。若两股俱暗，乃纯阳无阴，为冷气也。两股俱明则凸露，乃纯阴无阳，为煞气也。冷气退败，煞气凶祸，俱非真穴。《家宝内旨》："有明有暗尽堪图，无暗无明不可居。最是阴阳枯淡处，劝君不可陷良夫。"

上有盖帐可凭，下有毡唇可证。

穴后之山为盖山，穴后张两翅谓之帐。盖山惟大地方有之，寻常小地不能有也。盖山以土星御屏为上，主出侍从贵臣。大金星次之，尖耸之山又次之，尖耸则势单也。穴下余气吐露，大者曰毡，小者曰唇。毡在此铺，穴在此住；唇于此吐，穴于此扦，天造地设，自然之应，无此即非真结。横龙之穴，尤须认此，不可忽也。《疑龙经》："真龙到穴有裀褥，便是枝龙也富足。"《拨砂经》："龙无峡者山脚，穴无唇者虚花。"○附《地学》："凡穴不拘窝、钳、乳、突，其下必有唇，唇下仍有毡。唇所以合穴气也，毡所以合龙虎之气也。乳突无唇，即是孤乳孤突；窝钳无唇，即是空窝空钳。又曰：唇以圆兜为正，亦有五行。圆为金唇，曲为水唇，方为土唇，皆吉。直为木唇，尖为火唇，皆带煞，须用裁剪。"

如土阶者最贵，合奇数者更优。

毡唇如土阶，乃至贵之格，主生人文秀，然取奇数，不取偶数。

土阶

暗水欲流而不流，明堂欲现而不现。

暗水即上所谓虾须、蟹眼水也。明堂乃穴前虾须、蟹眼水，注聚之处谓之小明堂，即上所谓簷水，所谓合襟也。二者皆依稀仿佛，似有似无，必有此，穴方的。《雪心赋》："登穴看明堂。"《至宝经》："凡认脉情看住绝，水若行时脉不歇。歇时须有小明堂，气止水交方是穴。"

一物中藏而欲动，四兽外拱而欲来。

《铁弹子》："点穴须求三静一动。"

真气盎而将浮，灵光搁而可得。止其中则万有，出其外则一无。

止立穴上，则众山众水有情，精神阗聚，若无所不有，才移步则四应无情，精神涣散。若一无所有，所谓"移步换形"是也。

斯固真穴必露之情，而为裁穴可据之迹。然而有形犹可认，不如葬气之难；有气犹可凭，不如葬影之幻。

穴间有窝、钳、乳、突、虾须、蟹眼可据，为有形。穴间无窝、钳、乳、突、虾须、蟹眼可证，只微有突块、弦棱，谓之气块，以其有气而无形也。

星饱立而无面相，岂知其撒落平洋？龙真来而无穴情，孰意其脱在洲渚。既隐隆丝莫测，复浩荡而难稽。惟影光之欲浮，斯生气之可窃。

真龙既到，顽饱而不开面，了无穴情，却撒落平洋；或在田畴洲渚，隐隐隆隆，不可捉摸，只相其精神会聚，灵光欲露处，据而穴之，谓之葬影，所谓"孤月沉江，其光在影"、"窗外月明窗内白，水边花发水中红"，皆是也。

非至幻不出乎此，非至精孰与于斯。且夫天地之精，何所不变？二五之幻，何所不开？龙之大者，结愈怪藏；穴之奇者，精愈隐拙。故杨氏有怪穴之赋，非常理可求；廖氏有奇形之图，岂成格可拟？

杨固有《怪穴赋》，徐善继兄弟广之，为《怪穴辨惑歌》，其言曰："真龙藏倖穴奇怪，俗眼何曾爱。天珍地秘鬼神司，指点待明师。明师勘破元机诀，秘密不敢说。恐君福缘或轻微，指出反惊疑。地有奇巧有丑拙，总名为怪穴。巧是穴形美且奇，地位使人疑。拙是穴形娸且丑，狐疑难下手。高人造化蕴胸中，巧拙尽元通。大凡怪穴有跷蹊，龙要十分奇。认得龙神的的真，怪穴始可针。或然高在万山巅，天巧穴堪扦。或然低在深田里，没泥穴可取。或然孤露也风吹，登穴自限聚。或然直出两水射，临穴有凭借。或然结在水中央，四畔水汪洋。或然结在顽石里，凿缝土脉取。或然有穴瞰泉窍，葬后泉干燥。或然有穴逼水边，葬后水城迁。或然有穴居龙脊，骑龙贵无敌。或然有穴截龙脉，斩关古有格。或然有穴傍湖滨，秋冬始见真。或然有穴落田畴，春夏水交流。或然穴在土皮上，名曰培土葬。或然穴在石鏬中，有土气斯通。也曾见穴水直流，下后出公侯。也曾见穴砂斜飞，下后著绯衣。也曾见穴没包藏，一突在平洋。也曾见穴多余气，山去数十里。也曾见穴坐落空，得水不嫌风。也曾见穴面前欺，顾祖不嫌低。也有巧穴名合气，来脉双龙至。也有巧穴名龙脱，来脉水中过。也曾见穴乳直长，左右没拦当。也曾见穴脑偏侧，时俗难辨识。也有穴下生尖嘴，枫叶三叉体。也有穴前嘴直长，凿作臂回还。也有穴后是空槽，玉箸夹馒头。也有穴前是深沟，金枧与银槽。也有丑穴如鹤爪，突露无人晓。也有丑穴似牛皮，懒惰使人疑。也有丑穴少一臂，时师容易弃。也有丑穴体粗顽，细认太极安。也有怪穴是担凹，乐起贴身高。也有怪穴是仰瓦，气蹙前头下。也有怪穴似拖枪，只要缠护长。也有怪穴如斗斧，何人将眼睹。也有怪穴无案山，诸水聚其间。也有怪穴加反掌，窝靥形微坦。也有怪穴要锹皮，苞节认元微。有如壁上扑飞蛾，细看突无多。有如壁上挂灯盏，但见突微仰。缓龙到头突忽起，穴向此中取。精神显露反非神，隐拙乃为良。大凡奇形等怪穴，只把龙神别。认得龙真穴便真，此诀值千金。假龙无穴不堪安，莫作怪穴看。若将借口乱安坟，误尽世间人。用怪不能当守拙，缄口休谈说。要知怪穴有真元，须遇至人传。"○廖金精有奇形六十四图，见《拨砂经》。

　　苟参观而并览，足尽变而穷神。六十四奇既知，三十六绝复避。

　　《灵文》：穴后仰瓦又无落，为空凹绝。脉息长而忽突起，为鹅头绝。身脚若还随水去，为鸭颈绝。罗星上作穴，为水口绝。左右无界合，堂水不停留，为干突绝。后山若壁立，前又无应峰，为覆钟绝。形势斜而平无脉，又无受穴处，为犁尖绝。流砂脚尽去，穴受八风吹，为牌尾绝。聚嶂而无形与局，为初龙绝。平中无聚，又无证佐，为草坂绝。穴傍脊而斜穿，为马眼绝。脉似行而形势不行，为过堂绝。口中饥无乳泡，又无微茫界，又无壁可倚，为开口绝。穴畔落深坑，为落槽绝。穴前水落槽，为茶槽绝。穴前水斜落，为竹枧绝。若脊龙无被褥，毯簷不分明，为金刚肚绝。穴两旁受凹风，为剪烛绝。若孤峰独珑，而无护卫，为孤神绝。枫叶脚不回，为三叉绝。有星无化气，为孤寡绝。田塍作龙虎，田傍无气脉，为流砂绝。龙横过，挨傍扦，为山坡绝。伏如仙带，一平无脉，为无气绝。元武山长，顶头下穴，为漏胎绝。水裹头而无砂包裹，为裹头绝。龙脉正行，微平骑斩，为斩龙绝。不明去就之势，妄自开孤截荡，为失度绝。穿山透地相克制，亡命分金相刑害，为浑天绝。本主微弱而四山高压，为压穴绝。本主卑贱而堂局过大，为忌形绝。本主卑污而朝应尊大，为僭越绝。形势局面虽佳丽，而造作或不如法，为失矩绝。降势不真正，尾脚随摆动，为碎形绝。顺流关不住，本弱前山凹，为败形绝。

则正变之体具，而是非之辨明矣。

地理唉蔗录卷四

穴法补义

虽然认地之难，以火为最；说久之理，其言必烦，载剖真机，用作补义。大抵局有大聚、中聚、小聚之别，穴有正受、分受、旁受之殊。发越虽同，力量则异。

龙之结局有三，曰大聚、中聚、小聚也。《入式歌》："帝都山水必大聚，中聚为城市。坟宅宜居小聚中，消息夺神功。"凡龙之受穴，初落、中落、未落之外，又有三等，曰正受、分受、旁受也。正受者，正龙中出，其行甚远，虽分牙布爪，而于山万岭皆为我用，而结正受之穴，其力最大，其发最久。《至宝经》："正龙专受，富贵长久。"分受者，正龙身上分出一枝，亦起星辰，亦有枝脚过峡，传变到头，自开堂局，以结形穴，不为他人作用神，随其力量长短，亦能发福，但不如正受之长远耳。《至宝经》："挂龙分受，富贵难久。"旁受者，多是正龙旺盛，或于过峡处，或于枝脚桡棹间，或于缠送护托从龙之上，或龙虎余气、官鬼之所，自立门户，结有小穴，发福极速，但力量愈轻。《玉髓经》："手脚桡棹皆有穴，此是大龙多余气。"蔡西山云："大凡一龙不专一穴，本身随带，必有小穴，如大官宦必有从官，大衙府必有曹属，第轻重大小不同耳。"

观应星之所起，则穴似应求。审变星之已多，则穴从变论。

应星者，祖山出身分落第一节之星峦也，与前面结穴相应，故曰应星。是为行龙之主，中间行度，虽不能不间他星，而间星之后，必再变出主龙之应星，所谓"本龙不脱本龙气"。古人以应星定穴，如应星是贪狼，谓之贪狼行龙，前头必结乳穴；如应星是巨门，谓之巨门行龙，前头必结窝穴之类是也。《撼龙经》："贪狼作穴是乳头，巨门作穴窝中求。武曲作穴钗钳觅，禄廉梳卤犁镰头。文曲穴来坪里作，高处亦是掌心落。破军作穴似戈矛，两傍左右手皆收。定有两山皆护卫，不然一水横过流。辅星正穴燕巢仰，若在高山挂灯样。落在低平是鸡巢，纵有圆头亦凹象。"又《疑龙经》云："贪狼不变生乳头，巨门不变窝中求。武曲不变钗头觅，禄存不变犁镰头。文曲不变掌心作，破军不变戈与矛。辅弼不变燕窝仰，变与不变宜精求。"所谓不变者言应星，苟不为间星所变，则当如前法求穴，犹是《撼龙》之意也。变星者，从应星剥换他星，行度中间，此星独多，竟不复出本星，则非间星之谓，为真变星也。则前头成局结穴，不从初节应星而从变星。如贪变巨禄则从禄存，结穴为鹤爪形；贪变文曲则从文曲，结穴为撒网形之类是也。《撼龙经》："贪狼一变巨门星，星方磊落如屏形。顿笏顿钟如顿鼓，辅弼随行变禄存。禄存带禄为异穴，异穴生成鹤爪形。鹤爪之形两边短，一距天然撑正身。此是禄存带禄处，长股之穴为正形。"又曰："有如贪狼变文曲，撒网之形非碌碌。撒网之形似牛皮，不著绯衣多食禄。有如贪变破军相，天梯隐隐如旗样。旗山若作盖天旗，旗下能生君与相。有如破军变贪狼，贪狼入穴如拖枪。拖枪之穴人嫌丑，只缘缠护两边长。贪变廉贞梳齿样，长枝有穴无人葬。人言龙虎不归随，那知葬了出公相。变作辅星燕窠仰，落在高山挂灯样。变作破军如戈矛，两傍左右手皆收。定有诸山作缠护，不然秀水之玄流。"○此流星定穴之法，古人观龙知穴，所可凭者在此，不然，穴几为游移不可捉摸之物矣。

大龙长而气盛，穴贵中间。小龙短而力微，穴取尽处。

凡干龙结作，不在大穷尽处，于腰间落穴，必有余气之山，或去数里，或去数十里，其去山虽远，而气脉皆收转穴内，受用谓之牵前扯后，《经》所谓"大地多从腰里落，回转余枝作城郭"，吴氏所谓"余气不去数十里，决然不是王侯地"是也。若小龙则力小无余气，不能远去，须于尽处求穴，与大龙异，然亦不在太尽处，太尽处多是本身生出护砂，非穴所也。○又《地学》云："真龙开局中间卧，去山还有几十座。展开手脚为十里，枝枝回转为城郭。也有翅稍径飞去，此是远曜大顿挂。随身之水出两关，惟有横水在前过。隔江峰峦都应付，大尽大结真无破。然而大尽在中间，穷尽非尽尽还错。人说尽龙我说穷，穷尽如何又不同。龙尽尽钟山水气，龙穷水劫又风冲。要保子孙望长久，教君慎勿葬穷龙。"此最善言尽龙，附录于此。

一臂搠转而有力，其上可寻。四山环绕而多情，其中可觅。

《地理集解》："凡过乡村，见有一山，远远弯曲，逆兜上水者，便宜寻访其乡好地。若未造屋葬坟，不可放过；而逆水之山，决不虚生。"《吴公口诀》："有地无地，先看下臂"，又曰："看地有何难，先看下手山"，又曰："未看后龙来不来，且看下关回不回。未看结穴稳不稳，且看下关紧不紧"。《疑龙经》："上山不来下山上，中有吉穴随形向。"廖氏曰："问君如何富，下山来相辏。问君如何贫，下山顺水奔。"董氏曰："下山收尽源头水，儿孙买尽世间田。"《地学》："凡寻龙，见群山济济密密，不堪容足，忽开平田广野，局必在焉。"寻龙记："四畔峰峦似列枪，龙在里头藏。"

诸脉乱出，择跌断者而探奇。三山齐来，就退藏者而卜吉。

《撼龙经》："十条九条乱了乱，若是真时断了断。"《吴公口诀》："三山并出，缩者为尊。"

重峦峻岭之上，平面堪裁。深山穷谷之中，小泡可久。

崇山峻岭之上，而有平面星辰，乃仰高穴也，必四围无缺，朝对有情，水不陡泻，势成上聚，山下并无融结，方为真穴。中有突者，名天禄；有窟者，名仰天湖。《泄天机》："仰高山顶现星辰，平面始为真。"

全体柔弱，乍起即成。大势牵连，一断即结。

全身平弱，其特在高，故顿峰即结。大势连续，未经退却，其特在断，故跌断即结。

相其峡后，审其峡前，势雄猛者不胎，气纯粹者必孕。

凡大龙临峡则势必停息，过峡则龙必剥换，其前后左右，必有结作，所谓"峡前峡后好寻龙"是也。然高山大峡，则旺气分于左右，而峡多雄猛之势，鲜有结作，惟出阳则剥换纯粹，而峡中之结常多也。

结于峡后，有聚气之称。结于峡前，有奋势之目。

《道法双谭》："聚气者，峡后之结也。龙势牵连，临峡顿起吉星，真气先聚，粗雄之气未尽，过峡再行，而为缠护城郭，以余气还抱为真，不顾为假，《经》曰"只有真龙坐峡里，乱山在外却为缠"是也。奋势者，峡前之结也，龙势牵连，未经退卸，跌断而起，剥换吉星，即结正穴，若鸷之击，先敛而后奋也。以过峡一节为真，长则恐是分枝，而非正结，《经》所谓"峡前一节住真龙"是也。"

曲木倒地，穴居一掬之中。锐火破天，穴落百里之外。

曲木则穴其曲动之处，故曰"一掬之中"。火星高起，其穴尚远，故曰"百里之外"。《撼龙经》："火星若起廉贞位，落处须寻一百里"，又曰："廉贞独火气冲天，石骨棱峥平处觅"，又曰："凡见廉贞高耸石，便上顶头看远迹"。《披肝露胆经》："木火星多穴尚远，定结上聚回龙穴。"○按：前篇引《经》云："凡是穴乳曲即非"，此何以言一掬也？须知木有曲木，前言其常，此言其变也。

千顷之注，穴隐高山。一勺之流，穴踪平地。

《风水口义》："小涧水来，穴在平地。大江水潮，穴在高山。"

穴居南则北望，穴居北则南望，亦是良方。山众大则小扦，山众小则大扦，盖有妙理。

《疑龙经》："正穴当朝必有将，有将便宜为对向。穴在南时北上寻，穴在北时南上望。"《雪心赋》："大向小扦，小向大扦，不宜乱杂。"《寻龙记》："小山须去大处寻，教君此诀值千金。大山须去小处觅，高欲齐眉低应心。"○又凡认星体，亦必对面观之始确。《入式歌》："凡认星辰须对面，九星容易辨。若还草木乱纷纷，莫便喝星辰。"

左右皆结，总由地灵。主客俱优，但凭水抱。

有等贵龙气旺，不分背面两边，皆有结作，惟力量有大小之不同耳。《吴公秘诀》："也有真龙似瓜藤，一回起伏一弯转。弯转之中皆有穴，此处未容分背面。两边皆有穴星明，穴穴皆有真应现。岂无假穴使君疑，到此尤宜详细辨。"《疑龙经》："假如两水夹龙来，屈曲翻身时大转。一回顿伏一翻身，一回转换一回断。两边皆有山来朝，两边皆有水打岸。两边皆有穴形真，两边皆有山水案。两边朝迎皆可观，两边明堂皆入选。两边缠护一般来，两边下手皆回转。此山背面未易分，心下狐疑又难判。不应两边皆立穴，大小岂容无贵贱。"又有等贵龙，两岸秀异，主宾莫分，只看水抱何边，便是穴星。《疑龙经》："问君主客皆端正，两岸尖圆两相映。主是三山品字安，客亦三山形一般。客山上见主山好，主山上见客山端。此处如何辨宾主，只凭水抱便为真。水城反处便为客，多少时师误杀人。"《明堂经》："水曲朝南，水北穴明。水曲归北，水南穴情。水湾所掬，此穴堪营。"

二水夹出，勿当中而扦。一枝逆翻，虽坐空不惧。

凡龙皆二水夹出，一边大江，一边小溪；一边溪涧，一边田垅，亦名股明股暗。但二水相合，最忌当面扦穴，谓之"牵动土牛，引风为害"。《风水口义》："二水夹出莫当前，宜在左边或右边。神仙倒杖须横作，下手虽空也进田。"又曰："二水夹出莫当中，当中水去十分凶。翻身转向朝来脉，发福绵绵为坐空。"凡穴须后有山屏托，庶不陷于空亡；惟翻身逆势当朝水者，不畏坐空。《泄天机》："坐空转向去当朝，不怕八风摇。"○凡坐空之穴，若后有深潭融注，或水缠绕合襟者，其气愈专，更不以坐空为嫌。

结有借局，多依大城之旁。穴有随龙，每靠老干之下。

有等依近省郡山水大聚处结穴者，谓之借局，如近臣侍从至尊，凡九重之尊严，千官之拥护，与夫百辟来朝，万邦纳贡，于己何有？然接天颜于咫尺，近日月之光华，宗庙之美得而瞻，百官之富得而与，比三家村中守财主人迥不侔矣。此借局之地，虽小亦大，然须自立门户，不然亦虚花而已。又有等美地，既非干，亦非枝，只行数节，即结大地，谓之随龙穴。盖与大干龙共祖同宗，来历固已贵秀，局面亦自繁华，犹之近帝贵人，自有贵气，故靠老干即结，不可以长短论也。○更有正龙长行，其气大旺，或从峡边，或从帐后，漏出一枝，谓之漏气，但成星体者亦贵。

寄穴贴穴，生山弦垅麓之间。奇形怪形，在天藏地闭之处。

《拨砂经》："世人惟知求地于金于土于木，不知贴穴寄穴多生于山弯山麓山弦之间，人自不察耳。"又曰："奇形怪穴，多落转合。幽蔽隐晦，退藏之地。"盖天地厚其藏，不欲习见而常遇，如骑龙仰高是也。○按：廖氏所谓"寄穴、贴穴"，即吴白云所谓"劈脉结、挂结"之类。盖长者为分枝，短者为劈脉。分枝自二三节，至数十百里，皆为分枝结。劈脉以一节半节为真，如人身之有乳也。若附干龙之身，而不得局势，是为挂结，力量愈小。

正行妨闪，其闪也有脉可踪。直去妨偷，其偷也无脉可迹。

龙有闪结，闪结者，龙正行而闪落一脉结穴也。既曰闪，犹有脉可以察识。龙有偷结，偷结者，龙直去不见有脉落，而山麓却自成一局，盖有穴、有堂曰偷结，即闪结之阳落无迹者。

龙身细腻，则穴必隈藏。山体宏高，则穴多躲缩。丛山峻立，有结必高。眠体直奔，有落必诡。

从峦叠嶂之中，山麓则有欺压之患，无结则已，有则必高也。倒地星辰势如急直，无结则已，有则必闪落于一旁也。

星如凹侧，取乐为凭。穴有偏斜，借鬼作证。

凡凹脑、侧脑、没骨诸穴，必以乐山为凭。乐者，喜好也，言喜有是山也。如乐山在左则穴居左，乐山在右则穴居右，乐山居中则穴居中。左右俱枕乐山，则必结双穴，或结一穴居中。或如屏如帐，如华盖、三台、玉枕、帘幕、覆钟、顿鼓等形，乃乐之至贵者也。但不可太高雄耸峙，有凌轹欺压之势，有嵯峨可畏之状，有则又当迴避，左山压穴则穴居右，右山压穴则穴居左也。凡穴有偏斜处，必借鬼为证，如鬼出于左则穴居左，鬼出于右则穴居右，鬼高则穴高，鬼低则穴低，所谓对鬼坐穴是也。大要使穴场截得鬼住，以收回鬼气。若立穴稍偏，则鬼夺气去，穴不能受，是为失穴，祸败随之。

俗师不知穴法，只扦当中。庸人不谙龙机，惟取大尽。岂知大尽须防气绝，当中每犯煞冲。

穴有宜当中者，有不宜当中者，俗师何知？惟当中安葬。龙有宜取尽处者，有不宜取尽处者，庸人何知？惟于尽处求穴。岂知大尽之处，须防气绝；当中而扦，须防斗煞也。吴氏曰："只泥穿心直串去，不识真龙转身处。真龙闪巧转身多，岂惟直串为可据。俗师不识元微诀，只向直穿寻正穴。寻到山穷水尽时，不论有穴并无穴。惟以撞脉顶来龙，下了误人贫与绝。"○厉伯韶曰："谈山谈水世俗多，用拙不能将奈何。误葬每因求正面，不扦浑是弃偏颇。岂识真元奇妙处，仙人多是下偏坡。"○今俗人所扦，大约非硬面则直煞，不则则尽头，非斗煞绝，则无气绝也。触目皆然，可嗟可叹！总由以意为之，未作地理之梦，故督督至此。

大抵龙易跟寻，穴最怪幻。或挂千仞之壁，或乘万山之巅。

挂千仞之壁，乃凭高穴也，如挂壁灯盏、贴壁飞蛾皆是。乘万山之巅，乃天巧穴也。凡天巧之穴，虽在万山，及登其所，豁然开阔，局势宽平，如在平地，不知为万仞山巅，但见四面八方，献奇列秀，如三千粉黛，八百烟花，次第罗列，城郭完固，朝案重叠，明堂团聚，左右环抱，三阳具足，诸吉拱护，水不倾泻，穴不孤寒，乃为真结，极大之地也。《玉髓经》："第一天巧最高穴，常人惧怕轻弃撇。只言高处穴难安，不知巧穴有真诀。天巧山顶分龙虎，峻地平夷有门户。入到穴中如半天，四望百里堪摘取。此地神童及状元，子子孙孙皆过府。"

或水秘以潜其踪，或石秘以迷其迹。

穴结水中，谓之水秘，亦曰捉月穴。盖由龙势勇猛，脱落大泽，巨浸之中，突起山阜，四畔皆水，非穴在水底之谓也。《泄天机》："捉月虽云在水中，还要土来封。"穴在石中，谓之石秘，亦曰漱石穴。盖大龙降势铺下，小石嶙峋，中有瑞石，圆净异群，乃真气所钟，寻微窝处，开凿见土，安棺其上，盖阴极阳生，石下自有土也。是谓石山土穴。若满山皆土，穴上是石，而石之中又是土，仅可容棺，谓之土山石穴，其石总以温润平伏为妙。《泄天机》："漱石莫宜安石罅，土穴端无价。"《雪心赋》："土山石穴，温润为奇。土穴石山，嵯峨不吉。"○更有穴在石板之下者，开石取之，谓之开山取宝。《玉髓经》："也有石山石片漫，皆无寸土穴难安。不合龙真难舍去，寻趱十日无足观。此名天完混沌气，龙皮粗厚头面干。时人莫道无草木，不知童山是两般。童山土色细杂碎，可栽木植生长难。天完之地无缝路，荡荡光滑如削删。却须回环四兽地，自有土润草木山。只有相当作穴处，头面漫漫皆石盘。石必有缝可镌凿，石板之下有土山。若得土时穴须浅，不必深凿入其间。"○更有石盘石龟，顽硬无缝，四环皆土，铺土结砌，不必开凿，谓之石巧穴。《玉髓经》："第五石巧石盘生，如琢如镌如砌成。俗人看道是顽石，不生草木凡石类。仙人一见为叹嗟，检点来龙皆奇异。元来四环皆是土，独有此石呈祥瑞。此石依山不可凿，结砌安棺平处是。若在湖池是金龟，大龟或广一二里。只须安厝在其上，能使湖池作平地。"

或石占而使人恶，或泉占而使人嫌。

或有巨石当穴，或在穴之前后左右，人望而畏之，皆谓之石占。果龙真穴的，凿去巨石，大开金井，取客土填实，再开小井，以土和气。若穴后有根之石，则不可凿，恐伤残龙脉也。按《道法双谭》云："凡石有阴有阳，阳仰而耸，阴俯而伏。耸者无根，石下皆土；俯者相连，土下皆石。则阳者可凿，阴者不可凿也。"〇更有一种真龙，气盛发泄，而为秀石，磷磷清奇可爱。或有一石立于穴上而为盖者，或有三四石立于穴之前后左右为四印者，或七八石立于穴之前后左右为盖照、为四印、为曜气者，俱要毓成星体为吉。不成星体，而巉岩嵯峨者为凶。有十二格，亦谓之十二落头。大要不离乎方、正、尖、圆，如五星之体，此石最吉，不须凿去。〇要有满山无水，穴中有泉，乃真龙气盛，溢发为泉，人望而嫌之，谓之泉占，亦曰龙泉穴。须瞰泉窍，上弦治穴，纳相此泉，必缩为生气，不复流注，所谓"有穴瞰泉窍，葬后泉干燥"是也。然亦有不干而吉者，详后《水法》中。

或沙占而见之生疑，或泥占而得之转弃。

沙占者，满山不沙，穴中独沙，谓之气眼穴。泥占者，满山不泥，穴中独泥，谓之龙髓穴。〇更有木占、水占者，当晕心独生大树，虽有树亦无深根，发其浮根，晕必净土，此皆造物瞒人，以待有德。

或封草以迷人之目，或没泥以隐穴之情。

或穴结田中，谓之没泥龟，其来处须间露毛脊，为石骨，为墩阜。结时须以水势为凭，水绕即是穴场。《泄天机》："藏龟闪迹在田中，水绕是真龙。"

或为兄弟并荣，或为夫妇相配。

两枝同出，脉落处相对并结，谓之兄弟并荣。两枝同出脉，落处相对，一作穴山，一作朝山，谓之夫妇相配。

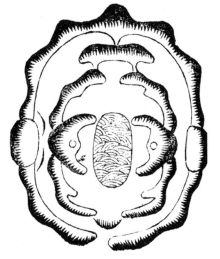

配相兄弟并荣

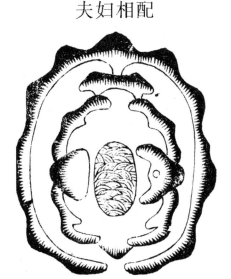

夫妇相配

或为主仆偕落，或为父子串生。

主仆同落者，正穴左右，随带小穴，累累不一，皆能发贵。由龙气太旺，故一穴钟毓不尽，而溢发于两旁也。父子串生者，结穴一大一小，相串而来。《玉髓经》所谓"又有名为父子穴，一大一小联串生。父为正穴子为附，附气相倚看缩盈"是也。

或为群龙聚窝，或为两龙合气。

《地学》："却有群龙会一窝，三条五条或更多。大会各自开头面，各成营局无差讹。尊卑亦不争几许，及至登坛必有主。爱执牛耳令群公，求取尊星向此中。"《疑龙经》："更有两龙合一气，两水三山共一场。"《地学》："两龙合气，本是一龙。开口为二，复合为一。三龙合气，本是一龙。开口吐舌，复合为一。四龙五龙以及九龙合气，本是一龙，张牙舞爪，复合为一。盖形分而毡合，毡合则气合矣，最为奇踪。"《地理源本》："有等合气龙，三五个山头，出脚变成田地，不分高低，合成一片，为五龙合气，为两山合气，为两水三山合气。乃平中忽而起脊，有高有低，有分有合，其龙奇，其结穴必奇。"

走珠之格，三五方真。落梅之形，千百为上。

　　大龙巍峨，金水气盛，卸下平地珠泡，三五连起，谓之走珠，以多为佳，至七九者愈贵，一个者非也。择其中成星辰，有堂气，穿应乐立穴。若金水体者谓之梅花，开口者谓之马迹，金土串行谓之辨钱，七个相属如北斗者谓之北斗七星，皆走珠之别名也。《泄天机》："走珠墩阜出平地，三个五个是。"有等平冈，珠泡满山，千百为群，谓之梅花龙。高山遍生珠泡，谓之立体梅花，或作龙，或作穴，或作用神，或作余气，皆贵气也。

　　串珠以委曲为贵，若急直终有灭顶之凶。垂珠以圆活为真，若顽呆必遭剥床之患。

　　穴后一节小金连起，谓之串珠，必屈曲乃可穴，若迳直则脉死。垂珠顽呆，即为赘疣、游胲，误扦致凶。○附《堪舆一贯》："串珠龙与算盘珠相似而有别。串珠龙，珠开阳面，有阳救阴，所申之脉，曲而软；算盘珠，四面俱圆，纯阴无阳，所申之脉，直而硬，即所谓𬨎估龙，最凶。"○《地学》："远龙赘疣，游胲附缀，垂余听之无妨，但不可误认作穴耳。若穴星已成，附有赘疣，蕴有游胲，此穴病也，主患瘦患痈，贵人不免。古仙有截赘去瘤法，有缄痈去毒法，剜去恶壤，填以精土。必仙眼认真，方可为之。如依稀猜度，不如听之自然。"

屈曲串珠　　　　急直串珠

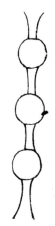

没骨畏刚故就软，而太柔则有湿忧。悬乳畏柔故扦珠，而太刚则有燥患。

《拨砂经》："没骨就软，畏刚故也，恐犯冷湿之侵，理直贴弦，法当兼撞。悬乳就珠，畏柔故也，恐犯刚燥之杀，理宜就窝，法当兼缀。"

张胆吐舌，固是难发之藏。叠指摇拳，亦非易捉之物。

四者皆没骨体也。有脑下生乳，长峻大直，不可立穴者，谓之吐舌。肩下两边，取前应后乐，分左右立穴；有其乳粗大，抱左抱右，不可立穴者，谓之张胆。肩下两旁，皆可立穴，有一边单脚，一边双脚，谓之叠指；有一边弯巧，一边粗蛮，谓之摇拳。皆就口上软硬相夹处，斩截气脉立穴。四者九星皆有之，最为难识，非寻常耳目所及也。

张胆

吐舌

叠指

摇拳

似枪之直，得侍卫则不畏尖。如钩之弯，顾祖宗则不嫌压。

《疑龙经》：尖枪之山要外裹，外裹不牢反生祸。外山抱裹穴如枪，左右抱来尖不妨。山来雄勇势难竭，就是尖形也作穴。只因前山曲抱转，针著正形官不绝。又曰："宛转回龙似挂钩，未作穴时先作朝。朝山皆是宗与祖，不拘千里远迢迢。"《葬法》："龙势过关或过峡，回脉转跌生夠舡。元微未甚太分明，顾祖回龙挨右插。"《雪心赋》："势有回龙顾祖，祖不厌高。"《黄囊经》："顾祖脉，实多情，去去回头若弟兄。公祖端严如卓笏，山山水水尽朝迎。时人不识回龙脉，能令白屋出公卿。"《地学》："龙有回龙龙力远，及到作穴回身转。转身面祖或朝宗，须知回转要从容。急遽倒插非回龙，勉强食水还成凶。"《堪舆管见》："顾祖之地有数等，有顾太祖，有顾少祖，有顾父母，但顾近不若顾远者，力量尤重，规模尤广。"○凡顾祖之穴，祖不厌高者，犹子孙见其祖父母，祖不嫌倨，孙不嫌伏也，若系客山，则压穴矣。凡回龙之穴，不须乐山者，盖翻身逆势，龙力本大，不怕坐空，所谓"止于不关之地，回于无乐之场"是也。若横山无靠，则为空亡矣。○又：回龙之穴，前不须应山者，以前系祖山，何应之有？

情高脉急，寻小口而衔柴。体凹势横，贴高脊而斗斧。

凡情高脉急，于略有小口处立穴，横放棺如鸟之衔柴，谓之衔柴葬。凡横龙立穴须贴脊，稍下则脱气。天财多是横山，穴亦贴脊。谓之斗斧者，如以斧柄斗入斧头之中也。然凑脊而要避脊，大斗则有煞气。《穴情赋》："横担横落无龙，直葬有龙。直来直奔有气，须安无气。横山凑脊处曰斗斧，直山温柔处曰入簪。"《寸金赋》："直避其锐兮，横贴其脊。"

前途不结而脊落，谓之骑龙。正面无情而侧扦，谓之咬虱。

骑龙者，行龙前去不结穴，于过峡之处融成星晕，如珠如宕，当脊而生。后山枝脚向前，前山枝脚转后，四围周密，局势完聚。于此珠宕上作穴，前山虽远去，只属余气，所谓"去非真去"是也。因其形止气蓄，与他处结穴相同，故可作穴，非谓陡然山脊亦可裁凿也。以其穴不居于尽处，故曰骑龙，有三格：如坐来山作穴，以去山为案，此顺骑也；以来山作案，反于去山作穴者，此倒骑也；以中一山横作穴，扯左右来去之山作龙虎，此横骑也。顺骑以尽处为官星，倒骑以尽处为鬼星，横骑以尽处为缠护，为水口关拦。至于斩关，因龙来长远，于峡中略少停息，暂可斩截其脉以作穴。前去迢迢，又结尽穴，所谓"止非真止"是也。总之，到头不结穴曰骑龙，到头又结穴者曰斩关，即停驿穴也。《泄天机》："骑龙须要骑龙脊，龙住应无敌。斩关已见前人下，暂发久嫌假。余诰骑龙斩关歌，三十六座骑龙穴，不是神仙难辨别。水分八字两边流，且是穴前倾又跌。无龙无虎无明堂，水去迢迢数里长。元武虽端气还过，庸师安敢妄平章。真龙涌势难顿住，结穴定了气还去。就身作照案端严，四正八方皆会聚。外阳休问有和无，只看藩垣与夹扶。左右护龙并护水，迴还交锁正龙居。或作龟背或牛背，或作鹤嘴蜘蛛肚。凤凰衔印龙吐珠，天马昂头蛇过路。前案不抱尖与圆，或横或直正无偏。但寻真气居何地，有取天心十道全。或在平洋或溪弯，或在高峰半山上。更有异穴倒骑龙，前后妙在看形容。千变万化理归一，尽在高人心目中。要妙无过捉气脉，吉凶祸福分黑白。君如下得骑龙穴，百子千孙非浪说。骑龙之穴福非轻，世代富贵无休歇。状元及第总堪夸，将相公侯盈帝阙。"《拨砂经》："顺骑则钟灵于后，取秀于砂，而顶耳受气。倒骑则取精取秀于龙，取乐于去山，而涌泉受气。二者多无局，惟横局者夹耳最重，秀局在前，鬼乐在后，而腰腧受气。是三格也，不论平地高山皆有之。"○又《道法双谭》云："龙尽处亦有骑龙之结，如牛项、鹤顶之类。"○又《缘督琐诀》云："十个骑龙九个假"，盖恐人误扦过龙，致招凶祸，不可不慎也。○正面无情，于反侧有微窝处点肩穴，谓之"咬虱葬"。

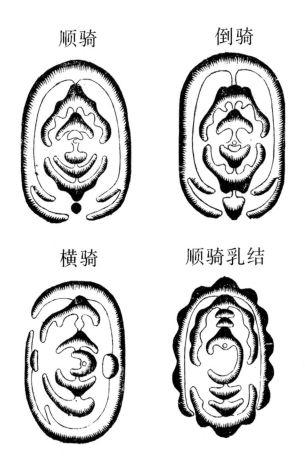

顺骑　　　　倒骑

横骑　　　　顺骑乳结

肩受谓之担伞，耳受谓之穿针。有脱龙就局之方，盖由雄急。有脱脉就气之法，只缘平铺。

有等龙来粗雄，脱落平地，就面前堂局结穴，谓之脱龙就局。《雪心赋》："脱龙就局者，受制于朝迎，言就朝迎有情之处作穴，若受其所制，而不得不亲迎之也。又有等真龙入首无脉，不作窝、钳、乳、突，由阳气太盛，或平铺于巅，或平铺于麓，或脱落主星，如浪花滚月、雪里飘梅之状，皆气穴也。高者认顶扦粘，低者认势扦撞。如滚月、瓢梅者，在有无相际之处，临弦蘸水，所谓脱脉就气也。"○此气穴与前篇所谓气穴不同。前篇所谓气穴，乃无极晕而微有气块者，此则平铺无脉之气穴也，大约与前篇所谓影穴略同。○更有拘龙就向之法：盖龙势直来，到头无面无局，须看明堂开于何处，拘龙以向之，《铁弹子》所谓"就向拘龙，消息乎明堂"是也。

惟㐱斯粘，或稍远而为缀。更急则接，或再远而为抛。

粘、缀、接、抛四穴，最是微妙难识，多见于山脚山尾、水尽水会之地。总由龙势雄急，故有此穴。而抛远于接，接远于缀，缀远于粘也。《拨砂经》：粘法，在本体之欲尽，气来急而徐乘之。缀法，在本体之已尽，气硬急而脱乘之。接法，星体已成，而又另起微形，气既尽而又来之，谓牵连若重之气象也。抛法，星体已成，而又另成具形，老气尽而又起之，谓界限实分之规模也。○按：缀、接、抛三穴，皆穴结穴星之下，裀褥之中，术家谓之离结，以其离却主星结穴也。大抵即脱龙就局之类。○接、抛虽只具微体，犹有形也；若影光，则并无形之可察矣，此其所以异也。

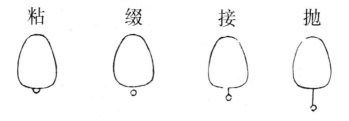

但得截荡之宜，不畏穴前柔走。如明夺总之妙，何嫌脚下斜飞。

有等穴星，成形开面，而下垂扫荡水星，斜荡而去，须于山荡处点穴，截去荡星，以作余气，谓之截荡法。有等穴下余气，四出飞扬，登高作穴，高处别成一局，不见余枝飞扬之状，谓之夺总法，即形取者所谓"风吹罗带"是也。○又有形势懒坦，两头阔而中狭小，则截狭小处立穴，亦谓之夺总。《道法双谭》："脉大懒坦者，病于无收，当夺其总。"

突乱生则舍同取异，脉双出则就短弃长。

凡穴间之突，点点乱生，似难捉摸，须于同中求异，奇中取特。凡穴之上，有两道脉线，必有一长一短，须枕短者作穴。《五星葬法》："双脉齐到，小者为先。边短边长，短者是穴。"《至宝经》："双脉教君枕短边，两边齐到那边扦。看他一脉微微小，枕归小处是牛眠。若逢单脉如何葬，放棺挨实便为先。"《三宝经》："凡双脉者，从大八字下，有两条气脉，直送到簷毬上，中间一条水路，直流到尖圆处，虽有两脉，亦必到穴，有三叉者为真，无三叉则为假穴。"

单提则截脉于将摆未摆之间，平面则受气于不偏不倚之处。

单提动处，平面至中，皆生气之所聚也。○附：廖金精曰："看单提，要直如椽物。看平面，要有弦，无弦穴不真。"

张山食水，妙合自然。接禄迎财，略无勉强。

《地理指南》：凡立穴，若见面前山水从左畔来，即于右畔立穴场；若山水从右畔来，即于左畔立穴场；若当面正来，即就中心立穴场。此为张山食水定穴，反此则容纳山水不著，主凶。《琢玉集》："有财有禄须迎接，迎接来归穴。迎接不得不相干，空有万重山。"是皆言穴前好山好水，须用意消详，立穴去收拾消受之，不可错过，使受用不著。迎接得山水者，必易发福。此为迎清挹秀之法，即迎官就禄以定穴也。然真龙正穴，自然默合，不待勉强。若勉强贪向立穴，于空虚无气之地，所谓"坐下无龙，朝对成空"，所谓"坐下若无真气脉，面前空有万重山"，究何益也！

葬太低则伤穴，有泥水之称。葬太高则伤龙，有天罡之说。

穴不可太低，太低谓之泥水穴，则伤穴，其祸迟；穴不可太高，太高谓之天罡穴，则伤龙，其祸速。《寻龙经》："葬破天罡头，不死也伤愁。"《胎腹经》："宁伤其穴，莫伤其龙。伤穴致败，伤龙致凶。"

乘气偏左则长败，而少子受其吹嘘。乘气偏右则少枯，而长子沾其津润。

葬者，乘生气也。如葬棺偏过于生气之左，主长房败绝；幼房属棺之右，犹沾生脉之余气，初年亦稍发福，但不如专气之耐久，至二三代必渐退败。如葬棺偏过生气之右，主少房败绝，长房属棺之左，犹沾生脉之余气，初年亦稍发福，但不耐久，其后亦必退败。○按《囊金》云："放棺偏归左边，左边黑烂；偏归右边，右边白烂。"穴内既烂，生人安得不受其祸乎！

直来直向，犯斗煞之凶。横担横扦，防过气之患。

直来直向者，如西龙直来作卯向，在峦头谓之不脱煞，如杨氏所谓"直来直受为斗煞，覆椁翻尸福不来"是也；在理气谓之气冲脑散，如赖氏所谓"金鸡啼向扶桑东，气冲脑散亏神功"是也。横落横扦者，即上所谓斗斧穴也。防是过龙，其气未住，必有微乳，或穴下吐唇，其穴始确。《管虢诗括》："横山无乳不堪安，降势须将住势看。"○一说：直山直向，以人之顶正对来山之脉，二金相对，名双金杀，亦曰"斗脑煞"。

真穴有分有合，谓之夜叉头。假穴无合无分，谓之菩萨面。

上有分，下有合，有个字，有三叉，有唇毡，如夜叉头，乃真穴也。上无分，下无合，无鸡迹个字，无燕尾三叉，无唇毡证穴，移左亦可，移右亦可，移上亦可，移下亦可，如菩萨面，面面皆好，非真穴也。按《管虢诗括》云："邋遢山头一片皮，胸前无孔腹无脐；东边掘了西边挖，那是黄庭拱紫微"，又《三宝经》云："覆杓山头砂不抱，筲箕背上水无归"，皆菩萨面之意也。

夜叉头　　　　　菩萨面

阴情急者，小人之象。阳情缓者，君子之容。

凡来如葱管、节苞、剑脊、硬块、覆掌、肥坡之类，皆阴急情也。凡来如仰掌、平坡、低乳、凹弯、偃箕之类，皆阳缓情也。《金函赋注》："急脉阴也，缓脉阳也。阳为君子可近，阴为小人不可近。"

阳脉如敛收，亦以急论；阴脉若散阔，亦作缓观。葬急则凑髇而避毬，谓之乘息。葬缓则避髇而凑脑，谓之乘胎。

《金函赋注》："入穴处略起节泡曰'毬'，如人之鼻头。一名毬，二名上圆，三名上分，四名临头，五名孩儿头，六名化生脑，七名上阴。毬簷下即葬口，葬口下即髇也。如人口下须髇，一名合襟，二名下尖，三名下合，四名合脚，五名从肚舌，六名小明堂，七名下阳。凡地无此者，为模糊花假。"《孝慈补》："乳突是男子之象，主于精，施其气，泄在外，当避煞脉，避毬凑簷，就乳突之下簷针之，乘息脉也。《至宝经》所谓'实乘其息也'。窝钳似女人之状，主于精，受其气，收在内，宜入簷差斗毬，凑窝钳之上毬针之，乘胎气也。《至宝经》所谓'虚乘其胎'也。"○按胎息者，在腹曰胎，如妇人怀胎在内之状，以喻穴之当上也。离腹曰息，取生下子息之义，以喻穴之当下也。

所以缓脉则必眠干，急脉则必就湿。

《金函赋注》：棺须辏定，化生脑上，无水淋来，故曰眠干；下对合襟，以就合水，故曰就湿。

阴来则挨水暗，亦是借阳之情。阳来则按水明，无非借阴之意。

凡阴脉落穴，看何边水暗，放棺或饶一二分，挨过水暗一边，亦是借阳气以一嘘也。凡阳脉落穴，看何边水明，放棺或饶一二分，挨过水明一边，亦是借阴气以一吸也。所谓"阳一嘘而万物生，阴一吸而万物成"也。

孤阳无分有合，土培土以界其流。寡阴无合有分，下凿池以会其气。

孤阳之地，下有合水，上无分水，如穴正不可弃，于来脉处培土接之，以界其水，使两边分流而下；寡阴之地，上有分水，下无合水，如龙真不可弃，于脉止处凿池，以会其气。盖地理或然，不可一途而取也。《神宝经》："孤阳无分，或穴正，可接脉而界流。寡阴无合，倘龙真，但凿池而会气。"

然穴虽可移补而定，而扦究以脉晕为凭。晕之为形，仅如微风之扇浪；脉之有象，略似细线之拖灰。

《神宝经》："灰中线之微茫，毡里毫之仿佛。"

右减左饶，总在三叉之内。前亲后倚，不出两片之中。

右减者，减虎也。左饶者，饶龙也。虎山先到，则减虎而饶龙，穴必居右。龙山先到，则减龙而饶虎，穴必居左。穴右则取右山为关，须左边水过宫锁断。穴左则取左山为关，须右边水过宫锁断。大约饶必上水，减必下水；只减下手，不减上手，此不易之则也。三叉者，穴上之微茫小个字也。前亲者，下就合水；后倚者，土枕毬簷；两片者，从化生脑下分两片，蝉翼、牛角是也。两片之中，一脉垂下，所以成三叉之形，其中一脉即穴也。凡此皆所谓"扦必以脉晕为凭"也。

晕虽不全，必有宛宛之状；脉虽不露，必有隐隐之形。光圆之山，慎无蛮凿；肥满之处，切勿强扦。若夫因肖物之形，为裁穴之法。

《雪心赋》："穴由形取。"

其说似乎可托，其理断有可稽。盖缘生地生天，无非二五之理；而为人为物，已具混沌之初。故品物流形，而形寓于地；犹万彙负气，而气属乎天。物类悉秉星精，地理亦成星体。

万物皆秉星之精，地理亦成星之体。所以山之成形，每肖物也。

气以一而相贯，理以一而相通。金星多结兽形，穴在头腹；木星多成人体，穴在脐阴。水结蛇龙，鼻颡之间可取。火结禽鸟，翼阿之下堪藏。

《葬书》："鼻颡吉昌，角目灭亡，耳致侯王，唇死兵伤。宛而中蓄，谓之龙腹，其脐深曲，必厚世福；伤其胸胁，朝穴暮哭。"《雪心赋》："禽形妙在翼阿，不拘左右。"杨氏曰："更有煖穴断禽翼，此穴要君识。左翼转遮右翼弯，左转右边安。"

螃蟹则取眼中，蜈蚣则扦钳里。

《玉弹子》："蟹行眼中有力。"《雪心赋》："蜈蚣钳里。"

如龟之止，气在肩间。如犬之眠，气在怀内。

《雪心赋》："点龟背者，恐伤于壳。"《玉弹子》："犬眠胁内无凶。"

如鸡心则心结，如鱼泡则泡安。蟠龙则扦首而藏精，伏虎则扦额而压煞。有猫有鼠，不葬鼠而葬猫。有虎有羊，不葬羊而葬虎。

凡猫形，只可葬猫，不可葬鼠；虎形，只可葬虎，不可葬羊豕与肉堆。蛇形，只可葬蛇，不可葬蛤；若葬鼠蛤、羊豕、肉堆，为彼所食，谓之"噬尸地"，发塚视之，尸必不全，或仅存骨殖一二，人丁渐至消灭。盖凡堆必孤，本是绝穴，况又有恶物瞰之，不绝何侍？

饿虎饱虎，取决于前山。惊蛇行蛇，消详于后脉。

虎形必要有案，有案则为肉堆，为饱虎，无则为饿虎矣。蛇形必委蛇舒畅，如行蛇自由，葬之乃吉，《葬书》所谓"胜蛇委蛇"是也。若横窜直翻，行度畏缩而不条畅，死硬而不委宛，谓之惊蛇，误扦致凶，《葬书》所谓"势如惊蛇，屈曲徐斜，灭国亡家"是也。○"肉堆"之说，本《疑龙经》，后人多辨其非。然世间万物本有相制之理，其说亦胡可废也，特不必太泥耳。

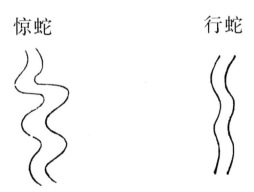

惊蛇　　　　行蛇

寻蛇于山溜之处，多非真蛇。相虎于峦涌之间，多非真虎。《疑龙经》："大山夹里莫寻蛇，恐是高山脚溜斜"，又曰："大山猛勇莫言虎，恐是朝迎为主住"。

虎忌刚而带煞，蛇忌柔而犯淫。虎有制则不威，蛇有制则不荡，虎有狮子案则有制。蛇水体，本柔星，古人多不取，故《葬书》曰："胜蛇凶危，遇蛙蛤，则贪婪而为小人；遇蜈蚣、金龟、鹤鸟，则畏谨而为君子"，故贵有制也。

禽必有条为系，龙必与水相依。

《疑龙经》："禽形必有条为系，龙形云雷象近水。"

浪里成形，以鳞为正。云中现象，以月为奇。

水星面上，皱折涌动，是波浪也。其中成形，如金鳞跃浪，或为鱼水相得，或为江豚拜风，或为浪里桃花，皆贵格也。若大而为舟筏，则另成体矣。水星面上，峦影层叠，即云也。其中成月形，谓之云破月来，最为奇特。或为云里雁、云中鹤、云中仙子、云中北斗、五云三台，皆贵格也，俱主奇贵，笃生异人。《地学》："大水漫天即是云，祥云无穴穴月星。太阳常怕云遮掩，日华云烂要开明。"

似手之弓，曲池弯中可插；如掌之仰，数指倒处堪扦。

凡剜蓝之形，大剜蓝扦鼠肉，小剜蓝扦曲池。凡小坡钳之类，以掌诀定之。阳掌似钳穴，不可中扦，须寻大指根，点盐指倒处扦之，中指倒处即掌心穴，就窝弦上突处安之。无名指倒处为天宫穴，小指倒处少薄，为少富穴。若阴掌作仙官，宜扦虎口，却怕犯软，就高些实处下之。凡掌穴趋厚不趋薄，安实不安软。

船形妙在河边，簰形贵处岸下。

《地理指南》："游鱼上水方为贵，干涩之舟不可行。"《雪心赋》："平沙落雁偏宜水，泊岸浮簰岂畏风。"

形固难以枚举，余则可以类推。虽曰物形，无非星体。

本是星体，不过再借形以喻之，使人益明点穴之法耳。

扦法

穴法既备，扦法可详。欲风水之相遭，须浅深之得乘。

《葬书》："浅深得乘，风水自成。"

宜深而浅，则气从下过；宜浅而深，则气从上散。

《至宝经》："立穴浅时气下过，徒自放棺上头取。下穴深时气上浮，徒自放棺在下求。不浅不深有定法，要知聚散有由来。时师至此如差误，变福为灾起祸愁。"

大抵葬支、葬冈、葬垅，理有不同；扦葬、扦厝、扦基，法亦不一。

平地曰支，高山曰垅，平冈曰冈。葬者深葬也，厝者浮葬也，基者如阳基之在地上也。阴山用葬法，阳山用厝法，止深尺许。若高山撒落平洋，浮现且大，宜扦阳基，堆土成坟。《玉弹子》："气隐扦葬，气浮扦厝，浮大扦基。"○问：扦基之法，置棺地面，堆土成坟，所以防阳水之患是也。若是平田，土有浮泥，将置之泥上乎？曰：非也。是平田，先铲去土面污泥，见吉土而止，取龙峡上好土垫高，然后安棺，仍用龙峡上好土大封之，此古人"借马腹以养麒麟"之秘法也。

高山阴气下降，穴当深求；平地阳气上升，穴宜浅作。

《葬书》："藏于涸燥者宜深，藏于坦夷者宜浅。"涸燥即高山也，坦夷即平地也。《至宝经》："阳若葬深阴葬浅，纵饶吉地也无成。"《雪心赋》："平洋穴须斟酌，不宜掘地及泉。"

立势之山，气隐于深为宜；仰势之山，气浮于浅为得。脉缓者宜浅，脉急者宜深；脉粗者宜深，脉微者宜浅。山体肥者穴宜浅，山体瘦者穴宜深。

《入式歌》："肥宜浮上瘦沉下"，反此皆凶也。

泡突属阴穴宜深，窝坦属阳穴宜浅。

泡突属阴气，隐于里，宜深；窝坦属阳气，浮于表，宜浅。

粘穴脉浮穴宜浅，盖穴脉沉穴宜深。

《一粒粟》："盖出鸡心，开井宜深。仰天湖样，如在桶上。"

众低一高穴宜深，众高一低穴宜浅。

四山低则畏风，穴宜深；四山高则畏压，穴宜浅。

过峡脉高穴宜浅，过峡脉低穴宜深。堂水深者宜深，堂水浅者宜浅。界水浅者宜浅，界水深者宜深。然浅深虽以审势为凭，而上下不如辨土为要。如及土而见其光腻，便是天气之轻清；若过凿而变为恶顽，即为地气之重浊。

天气行于地中，然天气清而上浮，故在上者为天气；地气浊而下凝，故在下者为地气。

乘清气者出人俊伟，乘浊气者出人庸愚。故与其失之于深，无宁失之于浅。万年之板，慎无穿皮；造化之炉，切勿破底。

乘棺之上，谓之万年板，《画筴图》谓之"金银炉底"。如持土而及其坚硬者，即炉底也，切勿凿破。定穴浅深，以炉底为凭，最为的当。

穿皮则恐石出，破底则致水侵。

凿破则及地骨与荫棺之水矣。《泄天机》："若还锄破太极圈，水蚁便侵棺。"

酌之不可不诚，量之不可不慎。

如酌酒然，少忽则浅深不宜；如量物然，少差则尺度不合。

他如穴高朝远，有极深之权；星高乐低，有量深之理。

有等穴星甚高，立穴处界合深，虾须不明，朝对远，拱揖不密，须深取至一丈许，或一丈五六尺许，惟取前朝远照，雌雄交度处为浅深，此乘除假借，全以外照为主也。以其坠下而案远、砂远、水远，谓之坠宫法。《铁弹子》："穴有变格，则为坠宫、纂宫。"又有一等后乐低小者，亦可深至丈许。《拨砂经》：穴上灵光，露于面上，徐而乘之，三尺为上，五尺次之，七尺又次之，及礑而止，必深至丈许者，必其暴气上行，后乐低小故也。

脉急气浮者穴当吐，脉缓气沉者穴当吞。臂短而直者穴当吞，臂长而弯者穴当吐。高山作茔则薄其垒，以避八门之吹。平地作茔则壮其封，以收一方之势。形势大者坟大，作小则不雄；形势小者坟小，营大则不称。朝水之地，斗口宜宽。去水之乡，斗口宜狭。

"朝水之地，斗口当宽"者，所以张山食水也。"去水之地，斗口当狭"者，所以收砂蓄水也。

气不足者，穴宜小凿，以保元神；气有余者，穴宜大开，以杀凶焰。孤罡穴当广挖，金土穴忌高培。

《拨砂经》：孤罡虽小，穴喜深大；金土虽小，穴忌高培。

作堆取星宿之相生，作向取阴阳之相配。

天财穴，宜作金堆体圆，凡三式：高者覆磬式，低者聚谷式，平面者蒸饼式。金水扫荡穴，宜作木堆，只有一式眠体，脑圆身长，本是金木合，形如卧蚕样，于九星皆无所忌。太阳、太阴、孤曜、天罡宜作水堆，体曲，凡二式：低而曲者席帽式，高而曲者宝塔式。紫气穴宜作火堆，只一式，上尖下阔，如马鬣样。燥火穴宜作土堆，凡二式：脑平身方而高者玉台式，低平而六角者龟背式。又有偃月堆者，身正脑圆，后高前低，贴茔一半，不开水沟，本是金土合形，于九星皆无所忌。

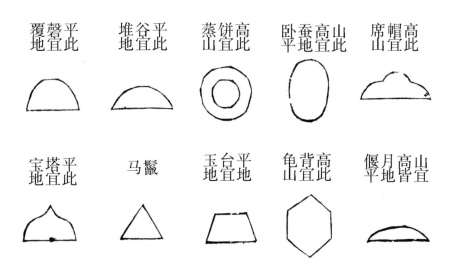

覆磬平 地宜此	堆谷平 地宜此	蒸饼高 山宜此	卧蚕高山 平地宜此	席帽高 山宜此
宝塔平 地宜此	马鬣	玉台平 地宜地	龟背高 山宜此	偃月高山 平地皆宜

阴山取阳为对，阳山取阴为宾。

《发微论》："单雌单雄，不相登对，虽或结地，必非真造化也。"《坤鉴歌》："寻龙先须寻祖宗，更于山水认雌雄。雌雄若也无人会，何必区区觅后龙。"

一峰秀则直对其尖，丛峦秀则平分其坳。两山则向空际，三山则向中间。

《吴公口诀》："三峰对中，两峰对空。"

案眠而弯则对弯立穴，案横而凹则向凹安坟。勿贪向而失龙，勿舍近而从远。

朝案证穴之法，必以近案有情为主，其外徉远应之峰，虽不甚登对，亦不为碍。蔡氏曰："秀峰当面，固是嘉美，必不得已，当以近案为据，不可取外洋而弃近案也。"《雪心赋》："多是爱远大而嫌近小，谁知迎近是而贪远非。"

合度斯吉，失法则凶。

《青乌经》："穴吉葬凶，与弃尸同。"

若夫循龙之来，定穴之止，其来也虽千里之远，其止也只一穴之微。

《疑龙经》："千里来龙只一穴，正者为优旁者劣。"《天机素书》："行龙虽有千里，入穴无过五尺。"

惟三台则可三扦，惟双星则可双穴。

穴星并起三突，谓之三台，可三穴；并起两突，谓之双星。两畔生撩牙岐者，谓之麒麟，俱可两穴，要突形光肥颖异，大小高低，均匀相等，方为合格。若参差不齐，择特异者下之。若狐疑难辨，美恶不分，皆非真结，不可下也。○又：穴星元三乳者可三穴，垂两乳者可两穴，要左右两掬迴环，其乳大小长短均匀，龙势旺力大，方结此穴，扦之福力相等。若长短大小，肥瘦邪正不均，则非双结三结，两乳则审其特异者下之，三乳则审中乳合格者下之。○一说：大龙垂双乳，俱可下者，以两穴同下为宜。诗曰："大龙双乳穴同垂，两穴同扦福力齐。单下一穴难见发，教君此理有元微。"

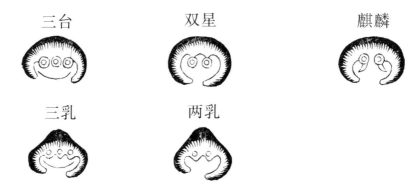

三台　　　　双星　　　　麒麟

三乳　　　　两乳

窝如并见，有两扦之宜。乳如长垂，有三停之理。

凡一星有两窝者，谓之并窝，可下两穴。若有三窝，可下三穴。龙最贵者，方结此等形穴。须窝中弦棱明白，大小相等，方为合格。凡木星垂长乳，前辈多分三停立穴，谓之"天地人三才之穴"，然必有宛然平坦处，审前后左右四势扦点，不可于峻急直硬处勉强凿穴，又要两掬弓抱，一乳中正，不欹不侧，不峻不粗，方为合格。○又有等木星，垂乳处不当头下穴，虚其中，于左右可下两穴，张子微谓之"天鼻"，穴如承天，曾尚书祖地是也。

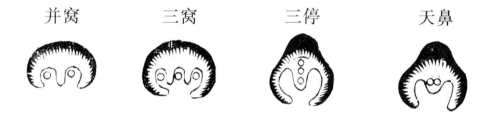

| 并窝 | 三窝 | 三停 | 天鼻 |

穿圹多则气涣，附坟众则精耗。

凡山葬多则气涣精耗，虽吉地亦不发越，张子微以掘凿乱埋者，谓之死元武，不可复用。又沈六圃云："真穴不能多藏，一棺而已。棺大两角常破外晕，破晕则外邪侵，内气走，地吉葬凶。龙长力大，可葬双棺，若要附多棺，必非真穴而可。"

一坟盛则十枯，一指差则百废。

《青乌经》："一坟荣盛，十坟孤贫。"董德彰曰："一个山头下十坟，一坟富贵九坟贫。共山共向共流水，只看穴情真不真。"《疑龙经》："譬如铜人针炙穴，穴的宛然方始当。忽然针炙失真机，一指隔差连命丧。"

惟坟茔揽山川之胜，惟棺椁受气脉之蒸。

《经》云："地脉贯棺不贯塚，山川朝塚不朝尸。"

必得一合之阳精，斯保千年之骨殖。

真穴所在，必有真火，一合以养骨气。《洞林秘诀》："欲求千年灵骨之不朽，须审一点真阳之在兹。"《青乌经》："穴吉而温，富贵绵延。"《寻龙记》："打穴之法最难论，须是煖焞焞。"又曰："作穴但看煗煖处。"

若夫星大龙远，土厚水深，或一穴而十数茔，或一龙而十数穴，非河北宽平之地，即河南广衍之乡，固非山国所同，亦岂泽国可拟。

《玉髓经》："也有一龙十数穴，也有一穴十数茔。"盖指中原千里平洋，水深土厚之地而言，非东南水驶土薄所可拟也。

地理啖蔗录卷五

龙虎

夫穴者生气之聚，无卫则飘；水者生气之流，无关则散。龙虎者所以收水，亦以蔽风

天星中垣，左七宿绕之，有青龙之象；右七宿绕之，有白虎之象。地理象之，故号左手为青龙，右手为白虎。

蔽风则借两肩，收水则借两指。

护穴遮风则在肩臂，收水成功则在指头。《黑囊经》所谓"砂看左右脚，脚即两手之指头"也。

所关綦重，其体多端。一长一短曰先弓，边单边双曰叠指。

左双曰左叠指，右双曰右叠指。

重左重右曰双臂，边有边无曰单提。或无龙而凑外山为龙，或无虎而凑外山为虎。

《地理指南》："有龙无虎多为吉，有虎无龙亦不凶。若得外山连接应，分明有穴福常丰。"

或有龙而无虎，须水自右来；或有虎而无龙，必水从左转。

《雪心赋》："无龙要水绕左边，无虎要水缠右畔。"《囊金》："水来自左，无左亦可。水来自右，无右亦裁。"

水从左转，虎必长而包龙。水自右来，龙必长而包虎。逆关则吉，顺关则凶。

《堪舆管见》："龙虎内之水，犹酒汤然，必两手得其用，而食方入口。盖龙虎与内水相逆则得食，与内水俱顺则不得食。何以辨其顺逆？以龙虎外穴前横过之水知之。如山自左入，则穴前之水，随山左来，而龙山先

到，居虎山之内，以逆穴内右边之水；虎山后到，居龙山之外，以逆穴前左来横过之外水，而龙山所逆之内水方固。山从右入者，以此类推。穴真龙虎必不顺，穴假龙虎必不逆。"〇按：龙虎逆关，则山水交媾而结地，此常理也。然亦有无下砂只上砂，顺水盖穴，而反结大地者。自俗眼观之，以为顺关不吉，殊不知上砂收气，下砂收水；收气者贵，收水者富。此理相地者不可不知，故附录于此。

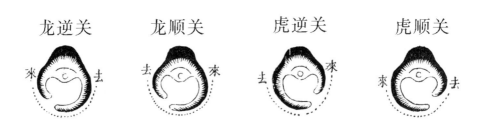

| 龙逆关 | 龙顺关 | 虎逆关 | 虎顺关 |

莫龙伏而虎高，宁龙高而虎伏。

《寻龙经》："只可龙欺虎，莫教虎欺龙。"〇此旧说也。其实不论龙虎，下水宜高，上水宜低，不必拘于龙高虎伏。

贵圆秀而相让，取弯抱而有情。

相让者，或前或后，不相斗竞也。《雪心赋》："龙让虎，虎让龙，只要比和。"弯抱者，势弯而抱穴也。《明堂经》："龙蟠卧而不惊，是为吉形。"又曰："白虎弯弯，光净土山。鲲而卧角，圆如合环。虎具此形，乃得其真。"《寻龙经》："龙虎转弯弯，田地遍乡间。"《乐道歌》："龙要弯，虎要关，龙虎包藏似玉环。此是福龙来结穴，家中财宝积如山。"《囊金》："最宜迴抱，与穴有情。"

龙虎相让

如兄弟之比和，若奴仆之降伏。

比和者，左右均匀，不强不弱也。范氏曰："龙虎两比和，才子登科第。"降伏者，投降俯伏，驯顺从主也。《葬书》："青龙蜿蜒，白虎驯頫。"《雪心赋》："左必降，右必伏，精神百倍。"《吴公口诀》："龙降虎伏，义门和睦。子孝妻贤，身膺五福。"

交会则气聚而局固，开睁则势展而堂宽。

交会者，左右绕抱过宫也。《吴公口诀》："龙虎相交绕过宫，赀财易发永丰隆。"《拨砂经》："龙山绕虎虎绕龙，富贵永无穷。"两畔开展落肩，谓之开睁，主生人目空四海。

龙虎交会　　　　龙虎开睁

内生翅谓之排衙，外生爪谓之拖曜。

排衙者，两畔重叠，如官贵升堂，役卒执杖，排衙也。范氏曰上："龙虎两排衙，富贵播京华。"拖曜者，龙虎外余气飞扬也。《官曜诗》："龙虎通身尖且利，此是龙身钟秀气。穴前左右贴身生，此是王侯官贵地。"

龙虎排衙　　　　龙虎拖曜

带印带笋，则贵而且才。带剑带刀，则文而兼武。

一畔圆墩，一畔直埠，为带印带笏，尖利者为刀剑，皆曜气也。董氏曰："印笏如生龙虎身，才子英雄压万人。"范氏曰："龙畔牙刀出，身著排袍笏。虎带牙刀形，为将统千兵。"吴氏曰："龙虎仗剑剑头尖，自由斩砍掌兵权。"

龙虎带印笏　　龙虎带剑　　龙虎带牙刀

龙上峰起，有子冠军。虎上峰尖，有女倾国。

在龙虎腰上生峰，即夹耳峰也，与昂头嫉主不同。《雪心赋》："可喜者，龙虎身上生峰。"《秘要》："龙边卓笔入云霄，金榜占鳌头。虎上高峰似顿枪，因女作官郎。"又曰："龙上尖峰起，子息登高第。虎上起尖峰，养女似芙蓉，"又《囊金》云："龙上起峰秀丽，或如金鱼袋者，主子孙登科。虎上起举秀丽，或如弓箭袋者，主出武贵。"○又："在龙头上生峰，谓之生角，即立曜也。须有喜色，开面有情方吉。若反背，有怒色，主凶。"

若夫钻怀拭泪，俱属恶形；擎拳槌胸，总为凶状。

钻怀　　　拭泪　　　惊拳　　　搥胸

或低薄而力弱，或瘫肿而气顽。

龙虎低薄无力，痹痿不仁，谓之龙虎灭没，言其似有似无也。龙虎痈肿，如瓜如杵，谓之肿脚杀。《雪心赋》："肿脚出坟前，瘟癀孤寡。"○

又：前山出肿脚亦凶。

或顺流而斜飞，或反背而他顾。

范氏曰："龙山随水出，便断卖田笔。虎山随水长，便是杀人枪。"董氏曰："龙虎逆奔向背弯，忤逆儿孙会打爷。"

斜飞　　反背

或头昂如踏碓，或手直如推车。

《雪心赋》："虎强切忌昂头。《寻龙经》：龙虎似推车，田地不留些。"

昂头　　推车

或短缩而漏胎，或折凹而断臂。

《雪心赋》："龙虎护胎不过穴，谓之漏胎。"范氏曰："龙虎两腰低，风吹受孤棲。"

胎漏　　折臂

或其中有物如相争之形，或两势相当有欲斗之意。

龙虎相对之间有土埠，有欲争之势，主兄弟争财失义及目疾。若两宫齐到，有欲斗之意，主兄弟不和。吴白云《摇鞭记》："两宫齐到，人皆道好，必主杀伤，却生烦恼。"

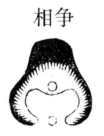

相争

相斗

或巉岩而带煞，或破碎而伤魂。

《雪心赋》："白石磷磷居虎口，必主刑伤。"盖带石则煞重而召凶也。又《拨砂经》云："龙虎石体为妙，散见若星布，错锷如锯齿，皆真龙也。"窃谓虽真龙贵穴，亦不免初年凶败。

巉岩　　　　破碎

或细如绳之拖，或尖如刀之刺。

谢氏曰："龙虎两尖射，世代主徒刑。"

或路交而有剥肤之患，或水射而有劫气之忧。

有交路，主自缢，并带枷锁。《雪心赋》："臂上怕行交路，有水射，主刑伤，山脚尖射亦忌。"《雪心赋》："虎防暗箭。"○水路当颈，谓之缠头，主自缢。若当颈自断，主刑。死路可改改之，断路可续续之，不可改、不可续者弃之。

交路　　　　水射

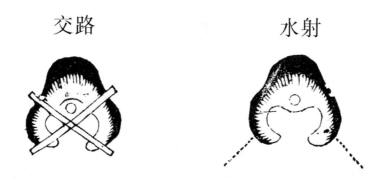

龙若踞而回观，谓之妬主。虎若蹲而疾视，谓之衔尸。

《葬书》：虎蹲谓之衔尸，龙踞谓之疾主。

倔面则强而无情，露筋则劣而不雅。逼则气郁而不畅，张则气涣而不收。

两臂开张，亦谓之张山食水，但不宜太张，太张则气散。

倔面　　　　露筋

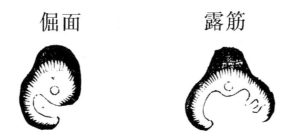

长则无人相之堂，直则有顺牵之水。

龙虎长则明堂必不方圆，堂中之水必流成沟涧而去，主凶。龙虎直则穴前之水直出，谓之"牵动土牛"。《风水口义》："龙虎两宫不用长，长来定没好明堂。"《雪心赋》："牛畏绳牵。"

如鹅头者召乱，如鸭颈者生淫。

《亚婆砂法》：若是鹅头并鸭颈，生在面前见。打眉摄眼不知羞，淫欲逞风流。

鹅头鸭颈

嫌并去而不回头，妨分飞而若掉尾。

《亚婆砂法》："青龙白虎不回头，两畔迢迢去不收。下了儿孙终是绝，走出外乡不自由。"《入式歌》："第六偏憎龙虎飞，入口主分离。"《拨砂经》："青龙白虎两边飞，父子各东西。"《亚婆砂法》："青龙白虎如摆出，房房损妻室。定断子随娘嫁爷，此话决无差。"

分飞

龙忌似蛇而潦倒，虎忌似葫而垛堆。

《亚婆砂法》："青龙如蛇长潦倒，风流浪荡贫似扫。"又曰："白虎似葫芦，淫欲无钱谷。"

青龙如蛇白虎似葫芦

龙忌窜而投河，虎忌陡如立壁。

《亚婆砂法》："青龙渺渺去投河，小弟持刀杀大哥。更出外州并客死，其家代代见兵戈。"又曰："白虎山嵯峨，其家出寡婆。"

龙忌开口而噬虎，虎忌开口而衔龙。

或龙头自起不顾穴，开口衔虎；或虎头自起不顾穴，开口衔龙，有欲噬之势，大凶。轻则虎豹噬六畜，重则噬人。若龙凶杀重，或至奇祸灭族。

龙衔虎　　　　虎衔龙

嫌体具而星成，妨身轻而臂重。

龙虎立身，具体自成星象，穴必假；龙虎两臂重于本星，穴必假。○按：龙虎贴身，则惧成星体，奴既立身，主于何有？若结穴之后，龙虎又远去，结穴虽成星体，于穴何妨？其说具后。

身轻臂重

是皆砂之不吉，以见穴之非真。

古人以砂拨地形以相授受，故龙虎及朝案，凡可见之山，皆谓之砂也。

苟龙吉而虎凶，难同吉论；若龙凶而虎吉，亦作凶观。

凡边美边恶，及边强边弱，边死边活，边开边塞，皆为不吉。

他如龙虎不生，贵四山之贴护；左右直出，取外砂之横拦。

《雪心赋》："单山亦可取用，四面定要关拦。"《地理指南》："大形三百有余般，降势随形总异端。不必专求龙虎穴，单山独垅亦堪安。"《堪舆管见》："有穴两水夹尽，无本身龙虎，借用隔水两畔之山为龙虎，能收穴水不走者，皆可扦。"又曰："有两臂直向前数十丈，渐低平而不回抱者；有两臂短，仅能来穴而不交者，必有逆案横拦，近溪横抱，方可扦穴。"

多虎多龙，则福泽愈厚。独龙独虎，则子姓不蕃。

凡龙虎，或各三四重，或五六重，重数愈多，力量愈大。但要偏行侧走，重重开面向穴，左右匀称，乃为贵也。凡穴只一重龙虎，此外荡然一无所有，最为不宜。如龙穴秀美，亦有发贵者，但终无大成，且子孙不蕃。

反袂直钗，乃非常之格。飘带舞袖，皆至变之砂。

《道法双谭》："飘如罗带，摆如舞袖，直如钗钳，反如袂袂，乃龙虎之变格，实曜气之飞扬。"○按：袂袂与分飞略同，钗钳与推车略同，飘带与潦倒略同，舞袖与反背略同，必龙真穴的，证应分明，方可作变格论。

袂袂	直钗	罗带	舞袖

亦长拖余，亦另成体。但是真情内顾，虽远走何嫌；如果旺气外扬，虽带结奚损。

龙虎有余气，拖长一里至数里者，只要真情顾穴，则愈长愈见力量之大。且前去关门塞水，作我用神，又何分散之足嫌哉！亦有龙虎成局之后，却又过去自成星体，带结形穴者。此山龙气太旺，一穴受用不尽，故正穴之外又成小穴，于正穴奚损哉！○附《囊金》："若龙虎抱穴，后复走窜，虽富贵亦主子孙离乡。"

内肆外者勿录，内醇外肆者可裁。内嫩外老者可裁，内老外嫩者勿录。

老者皮疏肉硬，如老树枯枝，不似人之手足，嫩则直如一弯西子臂也。外老内嫩，石中蕴玉，必出奇人，贤而且贵，高寿考终，福禄骈集。若外嫩内老，谓之乔打扮，其何取焉！

两隅既定，公位攸分。龙砂则应长房，虎砂则应幼子。龙不全则长败，虎不全则幼伤。必得外砂之缠，以救偏枯之病。

《胎腹经》："破碎祸长子，虎头破碎祸少男。"曰："水冲龙头长房破，水射虎头少房灾。"《披肝露胆经》："龙虎须教曲抱身，昂头踞足恐伤人。边直边弯亏房分，边无边有有房兴。外砂来抱无空缺，千孙百子一般均。"又曰："龙虎左右或不全，时人便言房分偏。不识外山外木齐来抱，救得房分俱一般。"○青龙管长房，白虎管幼房，固也。若四、七、十房，亦以青龙占之；三、六、九房，亦以白虎占之。如长房看第一重青龙，四房看第二重青龙。若一重青龙好，而二重不好，则第一房吉，第四房不吉。余以此推。年代吉凶亦然。二、五、八房，以明堂案对占之。

龙虎所主公位及年代

案山　朝山

龙虎既悉，朝案可详。案者如几案之形，势嫌高立；朝者有朝贡之义，理取远来。故案取低而朝取高，朝低则隐而不见；案取近而朝取远，案远则旷而不收。

《疑龙经》："案来降我人慈善，我去伏案贵人贱。"《狐首经》："案高齐眉，案低捧心。"范氏曰："远朝不怕冲天，近案尤嫌过脑。"《龙子经》："伸手摸著案，税钱千万贯。"

朝远不畏巍峨，案近尤防逼促。

《疑龙经》："出人短小与气宽，皆是明堂与案山。明堂宽阔气宽大，案山逼迫人凶顽。"

案多就身而出，以沂流为忧。朝多同祖而来，以逆水为上。

有龙虎过宫作案者，有入首数节后出枝绕前作案者，总以逆水为贵。《疑龙经》："吉地应有沂流案，有案直须生本干。干上生过我前来，诸山借此为护捍。"又曰："朝山与龙一般违，共祖同宗来作伴。客山千里来作朝，朝到面前为近案。"又曰："只爱朝案逆水转，不爱顺流随水势。顺流随水案无力，此处名为破城里。若是逆水作案山，关得外垣无走气。"

无朝有案，则案外之天清；无案有朝，则朝山之脚露。

但有案山无朝山，则小局而已，发福不久。《吴公口诀》："一重案外见青天，后代少绵延。"若有朝山，无案山遮拦，不惟气不收聚，而朝山之筋脚必露，主凶。《胎腹经》："远山不可露头，近山不可露筋脚。"○按《元微赋》云："坐下十分龙特起，纵少朝山也尊贵。"是无朝山亦不妨为贵穴也，并附于此，以备一说。

案之条者，如玉几、横琴、按剑之象；案之弯者，如玉带、眠弓、倒笏之形。案之异者，有席帽、三台、笔架之名；案之贵者，有金箱、玉印、书筒之品。

更有官担、旌节、天马、展诰、书台等形，皆贵案也。

然不论似物非物，只相有情无情。反背不顾者凶，开面来迎者吉。端正圆秀者吉，斜仄粗恶者凶。破碎巉岩者凶，齐整温润者吉。

《雪心赋》："怪石若居前案，必有凶灾。"《胎腹经》："案山带石，是为瞽目；臃肿堕胎，斜仄蹩躄。"《堪舆一贯》："前案见尖石锋焰，谓之火焰山，如道士冠上花尖之样，逼近坟前，全无水制，主生人无粪门。"

脚忌走窜，面贵中和。有喜容者可亲，有怒色者勿犯。落头肿脚，恶相难堪。摊尸停棺，凶状可畏。顺流无取，所贵逆砂之横拦；折浪堪憎，更畏尖形之直射。

案忌顺水，若顺水而外有逆砂拦截亦吉，无逆砂而绕抱过宫、脚不走窜者亦吉。案忌有浪痕，或有脚尖射，俱主凶。《寻龙经》："直射金鹅箭，官事必牵连。左射长男死，右射小男亡。若然当面射，中子定离乡。"

高案有欺压之患，惟向北则无嫌。无案有衣食之忧，而得水则勿泥。

《三宝经》："看此前朝朱雀位，过坟逼压总为凶。"《疑龙经》："也有大地去朝北，惟要案山高过额。"《入式歌》："第四尤嫌无案山，衣食必艰难。"《疑龙经》："也有真形无朝山，只要诸水聚其间。"《八段锦》："有案不须朝水，水朝无案贵多。"《吴公口诀》："有山向山，无山向水。水有真情，钜富显贵。"

御屏　　帝座　　天门　　天阙

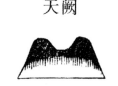

若夫朝应之夥，必有美恶之分。宝殿龙楼，功在社稷；御屏帝座，绩著旂常。

龙楼宝殿，注见前。土星耸峙，方正骨立，谓之御屏；土星两肩，又垂方土，谓之帝座，皆大贵之格。○朝有二端，如贵人、文笔，是他朝我；如龙楼、帝座，是我朝他。盖近君朝阙，臣子之至贵者也。○更有天门、天阙，亦大贵。

四库存目青囊汇刊〔九〕

地理唉蔗录卷五

99

鱼袋则主官尊，蛾眉则主女贵。

唐时尊官以金鱼袋为佩，故见之最贵，然只宜居下关及水口，不宜作正案。《雪心赋》："鱼袋若居兑位，卿相可期。"蛾眉者，太阴蛾眉也。光媚纤巧，状如半月。《雪心赋》："蛾眉山现，女作宫妃。"《撼龙经》："平洋蛾眉却为吉，半岭蛾眉最得力。若有此星连节生，女作宫嫔后妃职。"

金鱼袋　　　　蛾眉文星

旗鼓膺阃外之寄，甲马成塞上之功。

砂有旗鼓并天马、被甲等形，主武贵，立功边塞。《雪心赋》："卓旗定出将军。"又曰："顿枪顿鼓，镇外阃以持权。"《断法》："左畔起旗右畔鼓，为官定是武。"

旗　　　　鼓　　　　天马　　　　带甲马

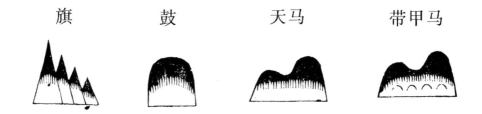

如仓之丰，则钱谷无算；如笔之锐，则文章有声。

《雪心赋》："带仓带库，陶猗之富可期。"《囊金》："尖圆秀丽者，主文章显达。方正肥圆者，主子孙巨富。"《披肝露胆经》："贵砂尖秀圭笏笔，富砂圆正库厨合。"《雪心赋》："顿笔多生文士。"

砂如堆禾，则家储红腐。砂如聚畜，则物产腯繁。

《亚婆砂法》："禾堆之山馒头起，儿孙家富贵。一个禾堆谷十仓，放谷遍村乡。"又曰："血才磊磊好山冈，左右朝来向墓堂。起脑如蚕如走马，牛羊驴马列成行。"

堆禾

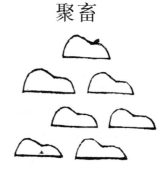

聚畜

但见禽兽之形，多出武职；如是名器之类，则生文臣。案头笔生，则政府秉轴；云端笔现，则礼院夺标。

一山方平如案，一峰尖秀如笔，顿于案旁，谓之宰相笔，主大拜，所谓"宰相笔，案头出"是也。其有一峰高尖，远在天末，晴明之日，隐隐见于云端，谓之状元笔，主及第，所谓是"状元笔，千里云霄出"是也。

一峰翠则一子高骞，两峰妍则两子并举。

《催官篇》："一峰秀山一登科，双峰兄弟同科举。"又曰："若见双峰列云汉，兄弟联名亲御翰。"《断法》："朱雀之山双峰起，男女双生是端的。尖秀入云霄，双举出官僚。"○其多者至九峰秀出，则有九子并贵之应。

固以峰多为责，更以矫矫为奇。

《葬书》：若怀万宝而燕息，若具万膳而洁齐。《雪心赋》："三千粉黛牵，公子之魂消，八百烟花惹，王孙之肠断。"《黑囊经》："砂要堆了堆。"《天机素书》："丛中特出为奇。"

然朝之奇者，欲其来，不来则虽奇何益？朝之多者欲其整，不整则虽多奚为？

《疑龙经》："朝山亦自有真假，若是真时特来也。若是假时山不来，从爱尖圆巧如画。若有真朝来入怀，不必尖圆如龙马。但要低昂起伏来，不爱尖倾直去者。直去名曰坠朝山，纵有尖圆也是闲。譬如贵人侧面立，与我情意不相关。"又曰："案山如笋插天青，对面推来始是真。仄面成峰身直去，与我无情似有情。时师见此多求穴，下了乃知误杀人。"又曰：
"大凡有形必有案，大形大穴如何断。譬如至尊坐明堂，列班排衙不
撩乱。"

　　苟雅列如宾筵，则纪纲不棻。如杂陈如乱阵，终礼义有疏。
献秀虽多，必有一峰正拱。列奇虽众，不如一案弯眠。

　　凡朝山环列，济济献秀，必有一峰或两峰正对穴场，其穴方的。若朝
虽多，而无一两峰正照，则杂乱而真意不属，其穴不的。凡穴前有低砂弯
抱作案，虽无远朝，不妨作穴。若无近砂，虽远朝列奇林立，而堂局空
旷，其气不聚，断无融结。《雪心赋》："外耸千重，不若眠弓一案。"祝观
物曰："数十里外远朝山，渺渺茫茫旷野间。近案又无堂气散，干重清秀
也是闲。"

　　上浊下清，富而无礼。头清足浊，贵而多淫。砂侧人邪，砂
正人端，如响斯应。砂肥人富，砂清人贵，如类相求。

　　《玉尺经》："砂如圆净，应孕忠贞；势或欹斜，必生淫乱。地与人符，
气通物应。"

　　如葫芦形则生术士，如香炉样则生道流。

　　《雪心赋》："葫芦山现，术士医流。"《黄囊经》："穴前堆如案如台，
此是香炉山出现，定出师巫僧道材。"

　　如癫则人患疡头，如蛙则人患气颈。

　　《披肝露胆经》："形似虾蟆人气颈。"

　　如枷之折，无所逃乎官刑。如杵之连，其何免乎家祸。

　　一山两脚重叠，有似枷状，穴前见之，主犯罪囚系。若金头木脚，
如木杵之形，三五相连，主长病孤寡。《雪心赋》："木杵形连，瘟癀孤
寡。"○按《亚婆砂法》云："面前一山如覆杵，罗衣重重著。若然穴柄
向坟来，接尽世间财。"是又以杵山为吉也，岂二三相连乃为凶乎？附此
以备一说。

枷

木杓

破头则生不测之祸，剌面则犯莫逭之刑。

《雪心赋》："忽睹山裂者，横事必生。"又曰："朱雀切忌破头。"《地学》："朝山面上石块破碎如剌字然，谓之剌面杀。"

剌面

合掌则为咒诅之媒，探头则有穿窬之盗。

二山相合如掌，出人行事越理，令人咒诅。山外有小山斜露，谓之探头，主出盗贼。《雪心赋》："探头侧面，代有穿窬。"○更有后山窥垣，谓之暗探头；若系祖山在穴后，若窥探之状，谓之内探头，俱主内玷。盖穴之前后左右，总不宜有山窥探，有之非奸即盗也。

合掌

探头

断头抛首，凶何如之。瞠目皱眉，忧方大矣。

前砂如人形，下有小阜，断而不属，谓之断头。或斜见抛离，谓之抛头，穴上见此，主遭刑戮。然必脱离无脉线，后有血痕洪路始是，不得妄以拜朝为断头也。前山起而开目，瞠然若失；或有痕路横生，如皱眉之状，主困厄相寻，长愁不醒。

断头	抛首	瞠目	皱眉

贵人面侧，则奸雄可嫌。朱雀口开，则萋菲可畏。

贵人作朝贵格也，若侧面则情不属，非穴矣。果龙真穴的，主出奸雄。朱雀即朝山，司口舌，如开口向穴，主有口舌之事。

结鹑则多寒士，提筐则多乞人。

结鹑者，山破碎如鹑衣百结也。提筐者，山如乞人提筐之状也。《披肝露胆经》："百结鹑衣彻骨贫。"《雪心赋》："或遇提筐之山，定生乞丐。"

鹑衣百结	提筐

珥笔者词讼之师，书笔者丹青之客。

笔山头分两尖，边高边低，欹斜尖削，如鼻镊一般，谓之珥笔，主出讼师。尖秀欹斜而开叉，两尖相等，不边高边低者，谓之画笔，主出画工。人谓之骂天笔，主秀才不第。刘白头云："文笔开叉又带歪，十遭赴举九空回。"

珥笔

画笔

法师笔见，则役鬼驱神。和尚笔生，则参禅学佛。

法师笔者，大峰之上，连开数岐，较骂天笔叉岐尤多，主法师显应，驱役鬼神。和尚笔者，尖峰之旁，有驼背之形，上格龙主出高僧。

法师笔

和尚笔

抱肩开脚，则帏薄不修。掀裙献花，则闺宷不谨。

《雪心赋》："男女淫奔，案外抱头山现。"《披肝露胆经》："露体献花真是丑，蛾眉粉黛卖朱颜。"又曰："开脚掀裙女犯奸。"

抱肩

掀裙

献花

恶峰斜瞰，则劫杀无成。大山正朝，则仇雠当弃。

四势和平，独一山出恶相，高猛瞰穴，谓之劫杀。《黄囊经》："次看劫山何处起，劫山照处全无地。时师漫说有真龙，下了子孙灾祸至。"《地学》："如盔形，主充军。如恶鬼，主发瘟。如强盗，遭杀焚。如判官，覆案频。如老妇，苦伶仃。如老翁，孤独贫。醉道士，游脚僧。被草衣，或悬鹑。僧道丐，皆劫星。如美女，如贵人，颇菁葱，亦和平。善消纳，存乎人。"朝山粗大，其势相逼，谓之仇雠杀；若切近者，谓之压穴杀，当避而弃之，误穴则召凶也。或曰：赋云"顾祖不嫌高儿"，子孙顾其祖宗，虽高大，何嫌乎？然亦须祖宗开面向我，喜色顾我，若盛怒相加，不可当也。○更有乱峰乱脚为刺射杀，攒枪阵戟为丛兵杀，横行瞥见为侧面杀，皆不可对此作穴。

前山出刃，受创已深。后山掷枪，为祸更烈。

前山出尖，如刃如枪，或飞砂如箭，谓之明杀，亦曰"刺面杀"，有一于此，必主兵亡。穴后被枪、被刃、被箭，谓之暗杀，其祸更酷。

明杀　　　　　　　　　暗杀

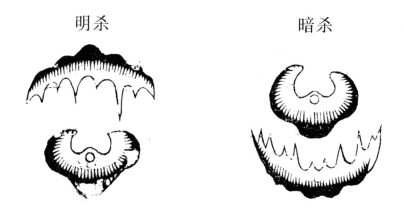

砂形不雅，固为主之深殃；主体不尊，亦忌砂之太美。防阴阳之无别，嫌主客之不明。同情者勿扦，争主者无穴。

主宾不明，阴阳无别，谓之主客同情，亦曰争龙争主。《葬书》："参形杂势，主客同情，所不葬也。"范越凤曰："千山万水难形状，元有来龙为主将。前峰磊落尽拱揖，端然一穴龙头上。忽然破碎无定形，争龙争主休寻访。"○又："两山同出，亦谓之争主。"《管氏指蒙》："并头之住，谓之争主。岐头之住，谓之分途。"

必东南之相称，斯情意之交孚。

《雪心赋》："宾主尽东南之美。"《发微论》："地理与人事不远，人之性情不一，而向背之道可见。其向我者，必有周旋相与之意；其背我者，必有显弃不顾之情。虽暂焉矫饰，而真态自不可掩。凡相对如君臣相恋，如夫妇相亲相爱，如兄弟骨肉，此皆向我之情也。凡相视如仇敌，相抛如路人，相忌相疾如仇雠，此皆背我之情也。观形貌者得其伪，观性情者得其真。"《地学》："案山必有一点灵光与穴对照，所谓东岸月生西岸白，上方云起下方阴。"又曰："朝山不必正对，惟此正案一点灵光相对、相照、相射、相迎，若差分一毫，葬必不验。"

所喜者方正尖圆，所恶者崎岖古怪。秀色必是远巘，丑形必是近山。状若怀胎，则罡饱带煞。势如展翅，则翔舞多情。

凡穴上所见，最喜满目皆阳。前砂开面生凹，此阳气也，穴必真确。若有一山罡饱，如妇人怀胎之状，便是阴煞穴，必不确。叶九升："辨穴之花假，谓前山罡饱如怀胎是也。凡朝山、案山，最喜两角掬抱向穴，如鸟之两翼开展，于穴有情，葬书所谓'朱雀翔舞'是也。若反背走风，于穴无情，则不翔舞矣，葬书所谓'朱雀不舞者腾去'是也。"

隐隐半藏，是为小人之态。昭昭特出，是为君子之风。

凡前砂亭亭特出，堂堂正正，昭昭可见，谓之露忠献赤，其心事彼此皆知，此君子之象也，主生人忠正。若藏身露爪，探头隐体，及闪迹抛踪，半藏半露，此小人之象也，主生人险邪。《玉尺经》："只喜爱倖于昭昭，大忌藏好于隐隐。"又曰："闪迹抛踪，必是险邪之辈。"

或轻微而视之若无，或琐碎而逐之不去，必招鬼祟，断主人邪。

轻微细小，似山非山，或土堆，或沙堆，望之若无，逐之不去，此等砂法，主盗贼作祸，鬼祟为妖；妻谋夫，奴谋主，妇女淫乱，乘夫无所不至。《玉尺经》："轻微琐碎，似山非山；或罗列于四旁，或星散于左右；瞻之在前，视之而不见；顾焉在后，逐之而不去；随形步影，非穿窬则鬼祟为妖；摸背挨肩，非私淫则奸奴谋主。"

笔砂宜远宜偏，正而且近则召火；圭形宜厚宜直，斜而且削则生奸。

　　笔山本火体，若正见而切近者，主火灾；火头而拖木脚者，更不可犯。《拨砂经》："火秀不宜直对，招损之阶。土耸高体，谓之玉圭，要顶平、身直、厚重而不欹斜，挺然清秀，上格龙主出崇儒硕辅；若斜削则不合格，主出奸邪之人。"

文笔　　　　　　　　　**玉圭**

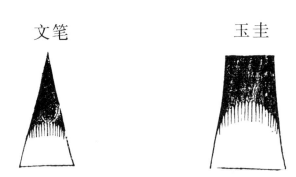

　　砂之美恶甚多，难以殚述。气之感召则一，可以类推。

　　砂之为美为恶，千态万状，在高人心巧目明，随意喝形，触类而通之，非笔墨所能尽也。《泄天机》："砂形传变原不一，皆由九变出。在人心巧与目明，任意立名称。假如圆墩墨斗样，更断为木匠。又如平地见葫芦，便作大医呼。若有鎚钳砧木列，儿孙必打铁。若逢山脚似排符，世代必为巫。此皆出在沙图外，请君以意会。消砂活法只如斯，解此是名师。"又《拨砂经》云："案上抛刀人习屠，案下人办厨。面前若凡有花木，镦猪骟马出。法场之砂如人伏，外死无人哭。自缢之山剪刀交，或在房字吊。牢狱之白似墙围，低者在中是。高山破碎石头起，岁岁遭瘟鬼。面前赤白山朝应，妻主多崩病。山似猫儿出塚旁，定是虎相伤。大石岩崖茅里出，六畜虎狼吃。若见虎山隔水过，血财常被破。死蛇死鳝荷坟前，懒惰少营生。"凡如此类甚多，不能详载，大约在人会其形似，以断祸福，感召之理有如此也。

地理唉蔗录卷六

水　法

夫龙者水之君，有龙则水可论；气者水之母，有水则气可征。

地理以龙为主，必有真龙，乃论水之贵贱，故曰"龙者水之君"也。《泄天机》："辨水须把龙为主，贵贱龙中取。贵水若还遇贵龙，下后出三公。龙贱水贵反不吉，决定破家室。水贱龙贵不为全，祸福两相兼。水贱龙贱不足取，绝人荒基址。"气者水之母，水者气之子，必有水而后气之聚散乃可征也。《狐首经》："土为气体，气为水母。"《玉弹子》："水者气之子，有气斯有水。水聚气聚，水散气散。"

其来也以送龙行，其合也以界龙止；其来也有短长之异，其合也有大小之分。观水源之短长，而龙之远近可晓；观水势之大小，而龙之枝干可明。大抵水走而飞，则生气已散；水融而聚，而内气斯完。故得水为先，藏风为次。

《葬书》："风水之法，得水为上，藏风次之。"

去水为死，来水为生。来宜之玄，去宜屈曲。

《经》云："若问大地，须求织女玉梭。"《雪心赋》："一岁九迁，定是水流九曲。"又曰："九曲来明堂，当朝宰相。"又曰："曲水来朝，不论大涧小涧。"《黑囊经》："水要有弯曲，弯曲大发福。"

直来即是杀气，直去即是败祥。

《秘要》："直入如枪，立见灾殃；挺出如箭，灾殃立见。"《黄囊经》："去水直，最堪伤，堂水倾泻响琅琅。真气尽从流水去，主人丧祸似驱羊。更有少亡并产死，退官失职卖田庄。来水直，亦非祥，刺胁伤心不可当。东西折断风来往，斩头徒配起刑伤。更有离乡并死绝，投河自缢暗身亡。"

《寻龙经》："来去水如枪，即便见灾殃。"《雪心赋》："荡然直去无关拦，必主逃移并败绝。"

贵虽来而不来，喜欲去而不去。

《葬书》："法每一折，潴而后泄。洋洋悠悠，顾我欲留。其来无源，其去无流。"

无来则有涸患，无去则有滥忧。

水污积无流处，《金函赋》："八路水法，谓之潜，主淫欲。"

逆水之龙固奇，尤贵峦头之高大。顺水之穴无取，却喜砂脚之交缠。

《雪心赋》："求吾所大欲，无非逆水之龙。"逆水之龙固贵矣，然逆水来朝，必穴星高大，有余气，或有砂遮拦，始不为水所欺。《入式歌》："第一莫下去水地，立见退家计。"顺水之穴固无取矣，然顺水而有砂脚交固，或山势关截者亦吉，《疑龙经》所谓"也有干龙夹两水，更不迴身直为地；只为两护必不同，定有缠关交结秘"，《雪心赋》所谓"元辰水当心直出，未可言凶；外面山转首横拦，得之反吉"，皆是也。

朝水旺而本身微，夭折可畏。小水去而大势顺，败绝何疑。

《捉脉赋》："当面朝人，子息孤寒。"《泄天机》："欺是洋潮势太雄，穴小最为凶。"是皆言朝水旺而身微也。若去水局，小水虽去，大势则逆，犹可取裁；若小水既去，大势又顺，决无融结，断主败绝。

朝水之地穴必高，高则不嫌水通；去水之地穴必下，下则不见水流。

凡朝水局，必作仰高、凭高之穴，方能胜水。去水局，必作地穴，若穴高则见水流，断主退败。

外水来朝，切忌内水之牵去；内水既出，尤喜外水之横拦。

凡水特朝，必有盖砂遮拦，若直入堂，牵引内水而去，则内气已泄，反为不吉。《雪心赋》："特水来朝，不许内堂之泄气。"凡配龙之水出口，又得外水拦截，则其气愈聚。《雪心赋》："水外水横拦，弓圆弩满。"《断法》："内城流水外城拦，此地名为进宝山。"又《囊金》云："穴前流去者，谓之内水，有出无入，所贵屈曲转折出，与外水相逆。"

后发初凶，必是顺流之宅。朝贫暮富，必是洋潮之乡。

去水之地，古人多不取，穴虽美，亦主初年退败，必行至山脚交关之处始发。惟穴前紧夹不见水去，或平坦不见水流，初年亦利。若潮水则发福最速，诀云："逆砂一尺可致富，潮水一勺能救贫。"又曰："大水洋洋对面潮，当代出官僚。"《拨砂经》："潮水福快，是已生之人致财而受福也。元辰元气止于前，潴而不耗，外水之润气又长大而凝聚，则山气常润，力量自裕，枯骨乘之，灵异立效。"

吉地畏潮，下地喜潮，更有区别；大潮斜受，小潮高受，尤宜消详。

《拨砂经》："吉地畏潮，如人之饮食过度而反伤也。下地喜潮，如人之饥渴，切身而欲饮也。潮在有情，不在远大。水贵停潴，不贵倾来。"又曰："当面来潮之水，有杀当避。若直至穴前，更无支持，立见退败。所以潮小高受，潮大斜受，古谓之让潮。"

所以田潮胜于海潮，顺水不如逆水。

董氏曰："不冲不割无穿射，惟有田潮胜海潮。"

逆结者水合于后，顺结者水合于前；左来者水合右隅，右来者水合左畔。前合不如旁合为贵，旁合不如后合更优。

前合者乃顺水局，多不得水。旁合者水横过穴前，亦未必汪洋入口。至于后合，则翻身张潮，而随龙之水无不入口矣。故曰"前合襟易得，后合襟难求"。

仓板水临，致富有术。禄储水见，巨富已征。

仓板水者，穴前之田逐层低向穴，如仓之板也。亦同御街水，主贵，有赀财，富冠乡郡。禄储水者，水之融注如禄之储积也。或穴前，或穴后，或穴之左右，或水口间，但有深潴融聚之潭湖池塘皆是，以深大不竭为美，主食厚禄，储积钜万。

仓板水

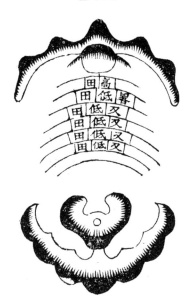

入口则发不需时，漩堂则久而勿替。

　　龙虎两掬之内，谓之内堂，只有去水无来水，此定理也。入口水者，乃水上中堂，而有拦收逆砂也。若水远来，将到中明堂，却又跳撇而去，谓不到堂；水到堂而无下关收水，谓不入口，总为无益。故水以到堂入口为贵，其水大小不必拘也。游堂水者，即迴流水也。必有深潭，又有石拦砥，始漩转迴环，有去而复迴之意，此水极吉，然亦只在盖砂之外，中堂之中，内堂不能有此也。○按：水贵入口，固也，而又忌灌口。灌口者，逆水作穴，无近砂抵拦，潮水口灌入口间，则气逆难消，主出人痦痖。

入口水　　　　　　漩堂水

卫身则受福也厚，拱背则发祥也长。

卫身水者，龙脉奇异，忽于湖水之中，突起墩阜结穴；穴之前后左右，皆汪洋巨浸，既澄静不流，又无冲刑之势，悲切之声，故为最吉，诀云："孤月沉江，江豚拜浪。莲花出水，得水为上。富冠州郡，贵为卿相。"拱背水者，乃水绕穴后，即水缠元武也，主富贵绵远，盖水能聚龙之气故尔。《雪心赋》："发福久长，定是水缠元武。"

卫身水　　　　　　　　拱背水

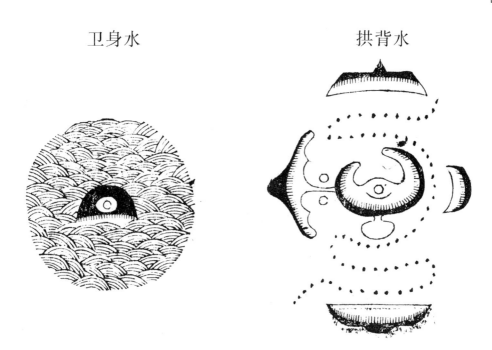

水破天心则凶，水聚天心则吉。

穴前明堂中正处谓之天心，宜平坦洁净。若有水穿堂迳过，或横或直，或斜或乱，皆破局，谓之"水破天心"。水既穿破，气必不聚，主财散人微。若有水深潴融聚，谓之"水聚天心"，主巨富显贵。《雪心赋》："为人无嗣，只因水破天心。"又曰："水聚天心，孰不知其富贵。"吴氏曰："一潭深水注穴前，不见来源与去源。巨万赀财无足羡，贵人朝堂代有传。"○二徐《人子须知》："又有聚面水，乃四水聚于穴前也。又有融潴水，乃深水注聚不流，莫知其去来也。"皆同水聚天心论，故不重赘。○按：来水直破天心，即同冲心水；去水直破天心，即同牵鼻水；横水破天心，即同木星水城；斜水破天心，即同斜撇水；乱水破天心，即同刑杀水。图俱详后。

水聚天心

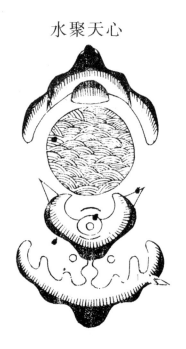

平缓悠扬者吉，陡跌湍急者凶。

水法最喜平缓，切忌急流。急而直则立见退败，急而曲亦骤发骤衰。杨氏曰："山水不论吉凶方，吉在凶方也富强。急流斜侧山尖射，虽居吉地也消亡。"《雪心赋》："流神峻急虽屈曲，而骤发骤衰。"又曰："水急山粗者，多是神坛。"又曰："水加急势，登穴不见者祸迟。"又曰："山峻石粗流水急，岂有真龙。"

星流雷奔者凶，弓抱带绕者吉。

《锦囊经》："水狂则怒。"《至宝经》："水如掣雷，盗贼立见。"《黑囊经》："水好形如眠弓。"《至宝经》："水如眠弓，富贵丰隆。水加玉带，登科发解。"

澄清恬馥者吉，黄浊臭秽者凶。

《披肝露胆经》："澄清出人多聪俊，污浊生子皆愚钝。"《明堂经》："流脓出泉，腐臭成浆，牛洇猪溇，污秽涸黄，主瘟召疫，家道不昌，痫疝痔漏，子孙少亡。"

声如人泣者凶，声如乐奏者吉。

《葬书》："朱雀忌夫湍急，谓之悲泣。"《雪心赋》："尝闻水泣者，丧祸频见。"又曰："其或声响如环佩，进禄进财。若然滴漏注铜壶，守州守郡。冬冬洞洞响而亮者为贵，凄凄切切悲而泣者为灾。"《玉髓经》："别有一般名磉鼓，冬冬洞洞如擂鼓。"○又有水入田窟，或入石窍，滴沥有声，谓之鸣珂水，亦吉。

然有声不如无声之势静，明拱不如暗拱之气完。

水有声，其势必流，不如无声者之平静为美；水明拱犹恐带煞，或到堂引泄内气，不如有砂并低案遮拦于外，暗拱更为完固。《雪心赋》："有声不如无声，明拱不如暗拱。"又曰："山秀水响者，终是绝穴。"《玉髓经》："水有险故滩濑响，或似雷霆敲鼓样。此水入穴多不宁，安居须要去来平。"《疑龙经》："也有真龙无朝水，只看朝山为近侍。朝水案外暗循环，此穴亦非中下地。"

若夫劫背淋头，俱是水忌；荡胸穿臂，总为穴忧。

横结之穴，后无乐山，而水劫背后，谓之劫背水；穴上无脉界，水流入穴内，谓之淋头水，俱主人丁不旺，驯致绝嗣。《拨砂经》："背后水淋头，黄肿绝根苗。"水势浩荡洵涌，穴不能胜，谓之荡胸水；龙虎上被水穿断，谓之穿臂水，主瘤疾长痢、孤寡自缢。○有以荡胸水为吉水者，水无遮拦，直来荡胸，则穴不能受，安得吉也？○按《道法双谭》云："水以聚为贵，若聚而太大，则荡胸而内气不收，必至败绝。"故汪洋巨浸，宜处外堂，以穴中不见为美，则荡胸之不为吉水可知矣。

劫背水　　淋头水　　汤胸水　　穿臂水

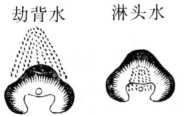

直撞谓之冲心，斜刺谓之射胁。

急流当面，直撞入怀，谓之冲心水；或横或斜，射左右两胁，谓之射胁水，皆凶。《披肝露胆经》："急泻急流财不聚，直来直射损人丁。左射长房必遭殃，右射三子受恓惶。若然水从中心射，中子之房祸莫当。"

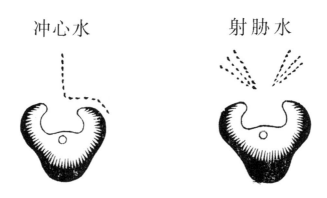

冲心水　　　　　　射胁水

照穴谓之瀑面，包穴谓之裹头。

本穴地势低，水高于穴，水光照穴，谓之瀑面水，主人丁不旺，落水身亡，若后有高山托乐则不忌。穴无余气，水周迴裹头，谓之裹头水，主瘟疫贫寒，孤弱不振。诀云："裹头城里莫扦坟，劫却东西便动瘟。"○按：无手脚谓之裹头水，劫气无余，砂裹气不出，固宜闷绝。若有手脚，则谓之缠身水，主人兴财旺，非裹头之谓也。

瀑面水　　　　　　裹头水

穴旁泉发为漏腮，穴前水泊为割脚。

穴之两旁，或一边开发泉窦，清冷长流，谓之漏腮水。此乃漏气之龙，全无融结，误葬主家业退落，男女痔漏。此与真应水不同，盖真应水澄洁不流，甘美而不冷冽为异耳。穴无余气，水来扣脚，谓之割脚水，主贫寒孤苦，立脚不住，久而绝灭。《雪心赋》："有子出家，定是水冲城脚。"《玉髓经》："水城横来直割脚，人寿不长家易削。"诀云："两边水割脚，家败人消索。"若上聚仰高之穴则不忌。

漏腮水

割脚水

方到穴前而折去，谓之反身。若从穴下而直流，谓之牵鼻。

水到穴前即反去，谓之反身水，亦曰"反跳水"，主倾败如洗，流离乞丐，渐至绝灭。《雪心赋》："水才过穴而反跳，一文不值。"《至宝经》："水若一反，卖尽田产。"元辰水直出，或斜出，一往无拦，谓之牵鼻水，主退田败产，少亡孤寡不振。诀云："穴前水流，牵动土牛。"《至宝经》："土牛一动，其地无用。"

反身水

牵鼻水

两水合流为交剑，逐层低去为卷帘。

交剑水者，穴前二水相交也。凡龙大尽，必有交剑之水以界绝之。此处脉尽气绝，不可求地，《疑龙经》所谓"穴前二水来交会，二水相交穴受风"是也。若对面二水来交亦凶。卷帘水者，穴前水一步低，一步倾跌而去也。向前低去者，谓之堂卷；向左低去者，谓之左卷帘；向右低去者，谓之右卷帘，主孤寡，招人入舍，渐至绝灭。《雪心赋》："卷帘水现，入舍填房。"

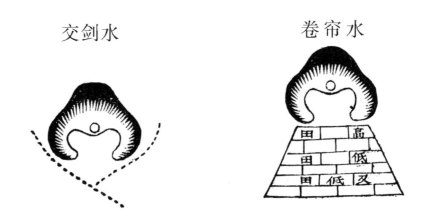

交剑水　　　　　　卷帘水

斜撇则与穴无情，分流则其龙未止。

水不到堂，斜撇而去，谓之斜撇水。或逆来斜去，或顺来斜去，皆与穴无情，故凶。《雪心赋》："登山见一水之斜流，退官失职。"穴前八字分流，谓之分流水。水既分流，龙必未住，其无结作可知，《雪心赋》所谓"儿孙忤逆，面前八字水流"是也。惟骑龙穴不同此论。

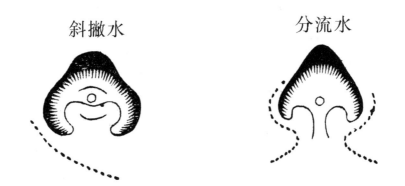

斜撇水　　　　　　分流水

一水陷而槽直，则倾败堪忧；乱流合而砂尖，则刑杀可畏。

凡穴前手足回合之水，总是干流；若是真龙，合处自然肥满，水必平漫而去，谓之阳流；若流成沟道，是为阴流，谓之漏槽水，必是褶水，断非真穴，不拘有水无水，主倾败少亡。《拨砂经》所谓"明堂加车槽，杀人不用刀"，《金函赋》所谓"明堂似茶槽，退尽没分毫；明堂如竹枧，家贫没鸡犬"是也。然亦有真龙结钗钳穴，与漏槽相似，其下却有毡唇可证，不可以漏槽论。穴前乱水交流，有一水必有一砂，水送砂尖，或当面直射，或顺水斜飞，皆谓之刑杀。水轻则败产离乡，重则杀戮军配，阵亡恶死。

漏槽水

刑杀水

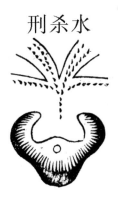

伏流之域，未可言龙。漏水之区，未可作穴。

有等水流地下，或穿入洞洪，谓之伏流。若大收大聚，水流归壑，必无龙行其上之理，其上特连砂未断，未可以为龙也。有等明堂，并不贮水，但见倾入洞壑中，不知焉往，或不见洞壑，但见干塘干池，谓之渗池，亦曰漏塘。切不可于此作穴，误穴能令富者速贫，贫者永不发。盖暗耗明消，无所蓄积故也。○一说：漏塘之底，如可施人力筑之，令可积水，亦吉。惟沙底者，水为沙食，人力莫施，真无用之地也。

供给多则减福，清浊合则生淫。

《地学》："大地主于养人，故水供人食，水给人荫，其大用也。然既向之作穴，取之荫龙，则此泉此池，秀钟于穴，若不喧不竭，供给何伤？第恐以区区一泉，万家取供；区区一池，千顷取荫，其不耗竭者几希，水竭则福力亦竭矣。故当前池水，岁一耗竭，是墓是宅，事业平常。"又曰："有两水大会于前，一清一浊，此最不宜，生淫生乱，虽有结作，弃之可也。"

水毒必系恶龙，天陷断非吉壤。

《地学》："哑水饮之哑，瘴水饮之胀，蛊泉饮之蛊，狂泉饮之妄。水有此毒，山必毒龙，不须卜葬。"又曰："穴前一池，浑是烂泥；葑蒻所积，秽恶所为；对此无景，令人心悲；安坟立宅，无福有亏。大堂天陷，低不为池，高不为田；浅不容涉，深不容船；断是水尾，穴何取焉？"又曰："高山旱池，亦名天陷。"谓龙气陷没，与天池旺气异也。田中深坑，没牛陷人，亦名天陷，当穴有此，非荫泉，又非秀气，不吉也。若本系泉池，为人所湮，浚而清之，即发福矣。

山大水小，则山胜水；山小水大，则水胜山。水胜则旷而不收，山胜则逼而不豁。必山水之相称，斯阴阳之交孚。

山为阴，水为阳，必相称，阴阳乃交孚，而无偏胜之虞。《雪心赋》所谓"山称水，水称山，不宜偏胜"是也。然《赋》又云："山大水小者，要堂局之宽平；水大山小者，贵祖宗之高厚。"盖堂局宽平，则水虽小而气自舒展；祖宗高厚，则山虽小而子弱母强，不畏人欺也。

穴下水高，其水明压。穴高水下，其水暗耗。

穴低水高，即上所谓瀑面水也。穴高水低，流从脚下而去，并不入口，谓之暗耗水。《经》云："水从脚下低低去，无钱空自逞风流。"

来短去长，则力量已薄；来长去短，则关锁无多。

《雪心赋》："更嫌来短去长。"《吴公口诀》："来短去长，无大力量。"

然水口犹有倖藏，而源头不须踪迹。

凡水发源之处，山粗气短，必无融结。《雪心赋》："苦是穷源僻坞，岂有真龙。"吴氏曰："源头地，水尾山，时师到此不须谈。"然大水口之间，多有真龙，翻身逆转，当众水洋潮而结大地，《黄囊经》所谓"顾祖回龙居水尾，山水一齐至；趋捐来朝气象尊，富贵保千春"是也。不可概以水尾而弃之。术家谓之倖藏者，言真龙诡秘，侥倖而藏踪也。

嘉泉为旺气之应，必有奇灵；冷泉为阴气之征，断无融结。

嘉泉者，龙气旺盛，既结穴后，秀气不尽，溢发为泉，应我真穴，谓之真应水，亦曰灵泉，张子微所谓"龙气之旺，迸裂不禁"是也。亦谓之龙漏穴，不拘大小，但要澄清甘美，春夏不溢，秋冬不竭，潴而不流，静而无声者为是，有此则大贵之地也。冷泉者，清流冷冽，乃受极阴之气，断无融结。

红泉则气钟于矿，沸泉则气钟于磺。

有金银矿则有红泉，有硫磺则有汤泉，气有所钟，不结地也。

黄泉为气之虚耗，浆泉为气之萎弱，龙湫者鬼魅之宅，布瀑者仙释之乡。

浆泉者，冷浆泉也，其味淡，其色浑，其气腥。亦曰泥水泉，不可灌溉；清不能澄，浊不能混；得雨则盈，雨霁则涸。是乃龙气委弱，地脉疏漏，最为不吉。龙湫者，孕育蛟龙之窟也。此泉多在大山亢阴之处，为鬼魅之窟，不可求穴。瀑布者，山岩流泉，飞奔石壁之下，如掷布帛之状也。穴前见之，或如孝帘，或如垂泪，或如白刃，或有声如轰雷槌鼓，如哭泣悲诉，皆为不吉。其有幽奇岩洞，飞瀑如珍珠帘者，亦只主仙释清高，不可以求穴也。

泉欲止而不流，流则气散；泉欲盈而不竭，竭则精枯。

《雪心赋》："源泉混混出明堂，气随飘散。"

虽多泉名，总属水法。他如去水之处为地户，户欲其关；来水之处为天门，门欲其启。

不论穴之左右，只水来一边谓之天门，水去一边谓之地户。天门要开畅宽阔，山明水秀；地户要高嶂紧密，闭塞重叠。若天门闭塞，地户宽阔，是山水不交会，决无结作。《锦囊经》："天门必开，山水其来；地户必闭，山水其回。"《雪心赋》："所喜者五户闭藏，所爱者三门开阔。垣局虽贵，三门逼窄不须观；形穴虽奇，五户不关何足取。"

水城必弯而抱，反背者凶；水口必固而收，直荡者败。

水城者，穴前或江或河，或溪或沟，所以界内水不出，外水不入者也。贵弯环抱穴，忌反背无情。《入式歌》："明堂本与水城异，浪说原非是。水城虽在明堂中，形状不相同。溪港坑沟是城水，喝形须用此。平洋须看落垅田，无则不须言。"《雪心赋》："撞城者破家荡业，背城者拗性强心。"水口即上所谓地户也，须紧固收气，若荡然直止，如人身泄泻，元气必伤。如人家门户不关，又安能成家道哉！《捉脉赋》："水口无关，漫说当年富贵。天外有钥，乃知积代豪雄。"

水城亦依星而论，水口以成形为优。

水城之形不一，古人以五星配之，最为精当。金城弯环，水城屈曲，皆吉；土城平正，吉凶相半；火城尖射，木城直急，皆凶。《玉髓经》："抱坟宛转是金城，木似牵牛鼻上绳。火类倒书人字样，水星屈曲之玄形。土星平正多澄注，更分清浊论声音。"《人子须知》："抱身弯曲号金城，圆转浑如绕带形。不但显荣及富盛，满门和气世康宁。峻急直流号木城，势加冲射最无情。军贼流离及少死，贫穷困顿受怜有。屈曲之玄号水城，盘桓顾穴似多情。贵人朝堂官极品，更夸奕世有声名。破碎尖斜号火城，或如交剑急流争。更闻湍激声澎湃，不须此处觅佳城。方正横平号土城，有凶有吉最详明。悠扬深潴斯为美，争流响峻祸非轻。"又曰："五星城水背皆凶，乃为反拗卷帘同。纵饶龙穴砂皆美，终主儿孙彻骨穷。"水口之砂，以成形为贵，或两边相结，如犬牙交错，如群鹅相钻，或水中异石，如印笏禽兽，如鱼笋龟蛇，或左右高山对峙，如狮象旗鼓，如仓困日月，皆成形也。更有异石带头带尾，逆水入朝，其中必有大贵之地。

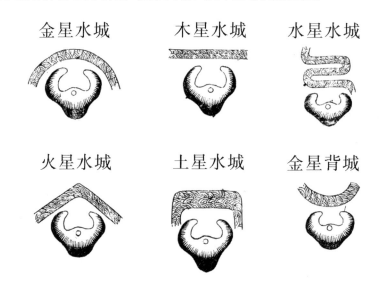

| 金星水城 | 木星水城 | 水星水城 |
| 火星水城 | 土星水城 | 金星背城 |

木星背城

水星背城

火星背城

土星背城

大水口则兼程非遥，小水口则贴身不远。

水口有小大之分，大水口或数十里，或百余里，虽兼程不为远。若小水口，则近在贴身之间，如龙虎指头，罗城角下皆是也。

固入山之先著，实卜宅之要机。观口间之收与不收，如腹内之结与不结。如釜之口则其中无奇，如葫之喉则其中有物。

《雪心赋》："入山寻水口。"《疑龙经》："要寻大地寻关局，关局大小水口山。"又曰："到此先看水口山，水口交牙内局宽。便就宽容平处觅，左右周围无空闲。断然有穴在此处，更看朝水与朝山。"《入式歌》："入乡先须观水口，留心莫乱走。两山相对似葫喉，真龙在里头。"

奇异则蕴非常之穴，寻常亦潜小结之龙。

水口形状古怪，奇峰高耸，则中有大穴。若但交截，平伏无奇，则小穴而已。

横土为小局之关拦，塞州乃盛气之发越。

局虽小，水口有横土拦截，亦能致贵。若有州横截，谓之塞州，力量愈大。《拨砂经》："塞州之力最重，由其局内局外布设缜密，无少遗憾，而气之盛大发于持满之余，方有此州也。主体尊重则州形远大，主体柔弱则州形卑小。高起而颖异者曰天柱，横截而箕踞者曰地梁，砂石攘形曰逆鳞，泥污杂体曰臭铜。"

捍门华表，皆至贵之砂。布阵屯兵，俱入式之格。

一峰独耸为华表，两山夹持为捍门，众峰排列如布阵、屯兵，皆水口之贵砂也。《拨砂经》："要识人家风水牢，水口捍门高。"

罗星突兀，中停奥区。北辰嵯峨，内藏禁地。

罗星者，水口有墩阜特起，当于门户之间，四面水绕，或临田枕水者是也。石者为上，土者次之，要居罗城之外。《撼龙经》："罗星生在城门间，时师唤作水口山。欲识罗星真妙诀，一边枕水一边田。田中有骨脉相连，或为顽石焦土间。贪巨罗星方与尖，辅弼武曲圆扁眠。禄存廉贞多破碎，破军尖破最为害。只有尖圆方匾星，此是罗星得正形。"又曰："罗星要在罗城外，若是罗星不居内。居内名为抱养瘵，又为患眼堕胎山。罗星若生罗城口，城口皆为玉笋班。"北辰者，水口间巉岩石山，耸身数仞，形状怪异，于中流挺然朝入者是也，亦谓之尊星。《太华经》："百丈石山高耸起，此名大兽北辰星。兽星北辰关水口，必生皇王镇国人。"《杨氏禁星论》："筠松禁星禁何星？余星不禁禁北辰。至尊之星所当禁，恐君泄漏损君身。"盖水口北辰极贵，上者为禁穴之应，不许过问；中者主王侯宰辅，为国柱石，斩砍自由，非寻常小贵之地也。○附《道法双谭》："两山对峙如旗鼓，加日月、捍门、华表、北辰，为都会禁地，如狮象卧虎，出王侯公卿之尊；如金印罗星，出翰苑清高，魁元之地；如龟鹤龙蛇者，为神仙佛道之宫。"

真龙秀气，于此乎关收。造物真机，于此乎流露。尤喜回顾，顺奔则无情；更贵叠关，单锁则少力。

水口之砂，须察其情意何如。若大情顺，水直奔，无回头内顾之意，亦不足取。更须看其层次何如，若只一层，主一发即衰。《入式歌》："水口一山如虎卧，回头不许众山过。高昂截断水难流，此物名为神仙座。"《雪心赋》："水口关拦不重叠，而易兴易败。"《坤鉴歌》："水口不嫌关锁密，千重万叠总奇关。罗城铁阵并华表，宝殿龙楼总是强。"《太华经》："城门一重高一重，代代儿孙不解穷。"又曰："水口一重低一重，不生奇石定贫穷。纵饶父好儿须败，一代风光便见凶。"

结作愈大，关截愈多。

《撼龙经》："寻龙千万看缠山，一重缠是一重关。关门若有千重锁，定有王侯居此间。"

相之有方，识之有体。但见手足头面，便非真形；如是丑陋凶顽，斯为上相。

水口之山，必不开面，不生手脚枝叶，嵯峨古怪，望之可畏，都是丑陋凶恶，星辰把截，方为真水口砂。如大贵人，必是武夫悍卒，披坚执锐，把守关隘。《撼龙经》："莫道禄存无好处，大为将相公侯门。"又曰："禄存无禄只为关，破军不破只为拦。关阑之山作水口，必有罗星在水间。"《披肝露胆经》："水口四凶星出面，天戈砥柱北辰同。合此乃为大会局，王侯卿相出其中。"

有意收水者小局，如小家之规模；无意收水者大开，乃大方之气概。

水口四凶屹立，并无枝脚落河，此意在收局，不在收水，如大方家气象阔大，此是大关局，其中必结大地。如枝脚落河，其意全在收水，如小家子，规模狭隘，此是小关局，其中必结小地。

下有蛟龙之窟，其潴必深；上有鬼神之宫，其镇愈重。

凡水口有深湖蛟潭鬼洞，及上有神庙佛宇尤佳。《太华经》："或湖或潭或交剑，砂州大石及圆墩。蛟潭龙窟居水口，精灵鬼洞荫乡村。"又曰："水口深潭无五里，定为相国万民钦。"《雪心赋》："神庙宜居水口。"

如镰钩样，则人习穿窬。如枷杻形，则地饶讼狱。对岸而斗，必多阋墙之人。顺水而飞，必多离乡之子。舞袖则兰芍为俗，掀裙则云雨成风。

水口之山，虽贵丑陋凶顽，若如镰钩等形，则各有应验，反为不吉。

翰墨之器出文，介胄之具出武。山崩桥圮，曰败之祥。石出洲生，曰福之兆。最关利害，切勿粗疏。

水口罗星，诸砂忽然崩裂，或塞洲被水冲刷，或桥木神庙冲损毁伐，则此方凶败立应。如有奇石高洲，忽然露出，则此方富贵骤至。《入式歌》："忽然水口洲滩出，士荐官迁秩。若然水打破罗星，官败举无名。"

明 堂

夫明堂者，王者之堂，向明而治；四方之国，来享所归。惟真穴亦取向明，惟真龙亦多来享。形虽借譬，理有同符。大抵一物既真，三阳必具。

李淳风以小堂为内阳，中堂为中阳，外堂为外阳。盖堂所以潴水，水性动，故以阳言。凡是大穴，三阳必备。《入式歌》："凡是穴前坦夷处，便是明堂位。大抵明堂原有三，取用必相参。小明堂在圆晕下，立穴辨真假。龙虎内是中明堂，交会要消详。大明堂在案山外，必要四水会。"○按：《道法双谭》："以龙虎内为内堂，龙虎外至案山为中堂，案山外至朝山为外堂。"与廖说小异。

内堂宜紧，外堂宜宽。

《吴公秘诀》："内外明堂分两般，内宜团聚外宜宽。二堂具备三阳足，此地当知代有官。"

外堂紧则局不开明，内堂宽则气不阑聚。宜紧者尤防气促，宜宽者更须局完。

内堂宜紧，须防逼窄而气促；外堂宜宽，更须包固而局完。

逼窄窒塞者凶，开畅舒展者吉。

《明堂经》："明堂方广，可容万马。王侯陵寝，雄霸天下。千骑簇立，四环翕集。将相公辅，封侯传袭。"《入式歌》："明堂光明照万方，宽阔始为良。好山好水常聚面，种种皆可见。若还逼窄岂能容，坐井面墙同。宽阔生人亦轩豁，聪明更特达。逼窄生人必蠢顽，猥衰更贪悭。"

圆净周正者吉，破碎偏侧者凶。

谚云："明堂若破碎，少亡田地退。百事皆无成，过房人入赘。"《入式歌》："侧是斜来向一边，妻子不团圆。斜是攲从穴前过，岁岁长生祸。"

倾倒陡泻者凶，平坦窝聚者吉。

《断诀》："明堂倾倒，休夸穴好。"《入式歌》："第五生怕明堂跌，决是破家业。"又曰："若是堂倾无落聚，有穴终须弃。"董氏曰："明堂第一嫌倾倒，倾倒有砂随水走。卖尽田地走外乡，更主儿孙多寿夭。"《明堂经》："其平如纸，或如锅底。容数百人，公相基址。"《撼龙经》："真气聚处看明堂，明堂里面要平阳。明堂里面停潴水，第一宽平始为贵。"

交锁周密者吉，直荡旷野者凶。

《撼龙经》："明堂要如衣领襟，左纽右纽方为贵。或是山脚与田垅，如此关拦真可喜。"《疑龙经》："众水聚处是明堂，左右交牙锁真气。"又曰："明堂惜水如惜血，堂里避风如避贼。莫令空缺被风吹，莫使溜牙遭水劫。"《撼龙经》："大抵明堂横为贵，其次之玄关锁是。荡荡直去不回头，虽似御阶非吉地。"《入式歌》："古云堂宽容万马，亦忌旷而野。外拦若在渺茫间，虽阔也是闲。"

反背外向者凶，绕抱内顾者吉。

《寻龙经》："明堂反向外，子息离乡败。"杨氏曰："明堂绕曲如绕绳，绕向穴前弯内向。内向之水绕身曲，对面抱来如带象。"

众水毕至，是谓广聚之场。群龙俱来，是为大会之所。

众山众水团聚，谓之广聚。明堂乃堂之至贵者，群龙来数十里，或数百里，于此大尽；众水亦迢迢而来，于此归堂，谓之大会明堂，主贵至王侯，富堪敌国，又非广聚之堂可比也。盖广聚只是山水团聚，非有众龙大尽也。《至宝经》："四龙聚会，有地必大。"

广聚明堂　　　　　　大会明堂

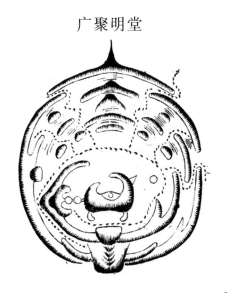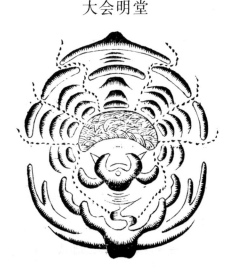

堂前瓶列，则金玉之积多；水上印浮，则笔墨之价重。

明堂之前，有小山上尖下圆，谓之银瓶；小而圆平者，谓之盏注，主巨富。《雪心赋》："银瓶盏注，富比石崇。"有大石或小山，方圆平净，出于水面，谓之印，主生文章之士；若浮于去水面者更吉。《雪心赋》："印浮水面，焕乎其有文章。"《黄囊经》："石印江湖水面浮，富贵出官僚。"《捉脉赋》："印浮水面，定知世出魁元。"○王波《心经语录》云："明堂之间有散乱，小山皆为驳杂。"盖言明堂之内，有小山乱杂，故不吉也。若小山成形，如银瓶盏注，列于明堂之前，吉莫大焉。大抵总贵齐整，嫌乱杂也。

顽山生于火下，则有堕胎之忧；圆峰出于怀中，则有过房之厄。

龙虎怀内有圆峰秀异，其自外来者，主外姓入继；其自本身生者，主出继外姓。然惟秀异者，始以此论；若呆顽而不圆净，只主堕胎而已。《雪心赋》："怀内有圆峰之秀异，螟蛉负螣。"又《囊金》云："内抱圆峰，在左则主抱养，在右则主妻淫。"

坑坎见则有夭年之子，堆阜见则有丧明之人。

穴前有深坑，名曰阴泉，是无余气，主少亡并飞横之祸，百事无成。堂中有土堆，主有目疾。《雪心赋》："穴前忌见深坑。"《烟霞赋》："坑深岸窄，多因卒死早亡。"《玉髓经》："若见明堂有圳坑，儿孙险陷病相赓。明堂若有多泉窟，家财渗漉如泉出。"《雪心赋》："玉印形如破碎，非瞽目则主伤胎。"

桥碓亭台，均为不善。桑麻枳棘，总属非宜。既忌流泉，尤嫌冲路。既忌乱石，尤嫌尖砂。

黄妙应《博山篇》："忌有凶山，忌有恶石，忌有土堆，忌长荆棘，忌作亭台，忌多种植，忌路冲射，忌水湍激。"《人式歌》："堂局若吉要洁净，有物皆为病。时人多自妄安排，于内起亭台。栽花砌路供游赏，祸生如反掌。时师放水要求妍，穿凿损天然。"《玉髓经》："堂中莫植肥皂树，二水将来洗净屋。"

砂尖而来，谓之劫杀。砂尖而去，谓之离乡。

堂中有尖砂射入穴中，谓之劫杀明堂，主刑杀、阵亡、恶死。吴氏曰："劫杀照破全无地，须水斜飞无躲避。若然尖射入穴来，忤逆刑戮切须忌。"

田塍横者为宜，水圳直者不吉。

《寻龙经》："田塍并水圳，横者皆为进。"

进田笔露，斯有连陌之畴。退田笔生，将无立锥之土。

凡穴前所见头低尖利之砂，逆水不向穴，而于穴有情者，为进田笔，主进田产，砂远者进迟，近者进速，砂重叠者进多。若顺水斜飞，为退田笔，主卖田产，叠见者主卖尽田产。

凡是堂中所见，最为祸福之关。他如堂左则应长房，堂右则应幼位；水聚右则幼茂，水聚左则长荣。

《入式歌》："前贤以此分公位，左长中居次。右边原是第三房，此理最优。长水居左位长房起，聚中诸子富。若居右位小公兴，经旨要分明。"《撼龙经》："明堂要似莲花水，荡归左位长房起。荡归右处小公兴，若居中心诸位贵。"

穴美堂凶，初年速败。穴凶堂美，二纪粗安。

《入式歌》："龙穴若凶堂气好，二纪还温饱。龙穴若好明堂凶，初下便贫穷。一纪之余堂气迈，发福依还大。"

堂势倾斜，生人奸险可畏。堂局浅狭，生人度量不宏。龙之远者堂宜宽，龙之近者堂宜紧。

《道法双谭》："龙大则明堂宜大，龙小则明堂宜小。龙小而局大，则堂气不收；龙大而局小，则规模狭隘。"

平洋之穴堂宜紧，山谷之穴堂宜宽。

《入式歌》："高山取宽为正法，平洋还要狭。高山若狭平洋宽，此格不须看。"

内堂者龙虎钳中，惟中正斯可取。外堂者龙虎关外，虽左右其何嫌。

内堂必须中正，不中正则谓之偏侧。若外堂则结于穴前者固多，其或结于穴之左右，或穴后，皆所不嫌。盖结于前者，必是顺局，多不得水，

不如结于穴后并左右者，为横结、斜结、迥结等地，更得水而有力也。大堂注左则长房发，注右则幼房发，注穴后则三房俱发

是当因地而裁，切勿执一以论。

官鬼禽曜

夫砂形粗具，为小穴之规模。余气发扬，乃大龙之局段。

凡穴只有龙虎案山，而无余气发扬，则小穴而已。

官鬼禽曜者，吉龙之余气，妙穴之贵征；无此则力轻，有此则福厚。

杨氏曰："龙真穴真只无曜，空有星峰重叠照。纵饶积玉与堆金，儿孙终主登科少。"傅文懿公《四灵歌》："禽星曜星与官鬼，都是好龙生秀气。穴前穴后龙虎旁，有此定为公相地。"

在穴后者谓之鬼，在案后者谓之官，在口间者谓之禽，在肘外者谓之曜。

水口有石特出，谓之禽星，亦曰明曜，亦曰落河火星。在明堂左右者，亦曰禽星。龙虎两臂后，有余气飞扬，谓之曜星。在龙虎肘内，穴前可见者，亦谓之明曜。在龙身枝脚，及明堂下关水口间者，亦谓之曜星。○官者案之余，鬼者穴之余，禽者城垣之余，曜者龙虎之余。○按：禽即水口罗星、北辰之类，以官鬼禽曜是一类事，另是地理家一种名目，故再为揭出。

官鬼禽
曜 总 图

总是一气，特分四灵。

官鬼禽曜，谓之四灵。

大抵直落逢官，横结出鬼。

凡龙直来气盛而不能止，故于龙虎过宫作案之外，再起官星。凡撞背来龙则无鬼，若横龙结穴，有鬼撑在穴后，愈证得穴之真实。若后宫有乐贴身，则无鬼亦吉。○按：鬼与曜皆四灵之一，而古人每贵曜而略鬼，何也？鬼近穴，窃穴之气，故可略；曜去穴远，征龙之气旺，故可贵。虽皆灵物，实有不同。

穴至贵则禽见，龙大尽则曜生。

《素书·曜气篇》："龙尽方为有得，初中遇者必稀。"

鬼宜死而官宜生，曜宜扬而禽宜异。官不生则气薄，鬼不死则气分。

鬼宜死而不走窜，太长则劫本身之气；官宜生而发越，太短则见本身之气衰。然官虽宜生，亦不宜太长，太长则非官体。惟曜星愈长愈奇，愈行愈妙，人不易察识也。《玉弹子》："鬼宜死，官宜生，官死则气微，鬼生则气散。"又曰："曜气宜扬，禽星宜异，禽异则贵，曜扬则显。"《撼龙经》："鬼山若长夺我气，鬼短贴身如抱拦。"又曰："问君如何谓之鬼，主山背后撑者是。分枝劈脉不回头，夺我正身少全气。"○按：鬼不宜长者，以长则夺本身之气也。若长而在后障风，或在下塞水，或转为案，或转为护，或转为城去，虽长皆为我用，谓之还气，又鬼之最奇者也。《神宝经》："鬼还气以为奇。"《赤霆经》："官供洒职，鬼还我气。"

禽不怪异不尊，曜不飞扬不旺。官之称名也众，总在回头有情。鬼之为质也多，务宜贴身有力。

官之名类不一，惟《天机素书》中所谓"拜圭官、云环官、凤尾官、梅花官、倒笔官"之类为可据。然官虽多，只取回头顾穴有情而已。鬼之名类不一，杨氏谓鬼有三十六种，张子微则谓有百二十之多，俱不必拘。惟《天机素书》有"孝顺鬼、雉尾鬼、鼠尾鬼、鱼头鬼、蟹爪鬼、钗钳鬼、眠犬鬼、游龟鬼"之类为可据。然鬼虽多，只宜就身撑持有力而已。《撼龙经》："官星在前鬼在后，官要回头鬼要就。官不回头鬼不就，只是虚抱无落首。"

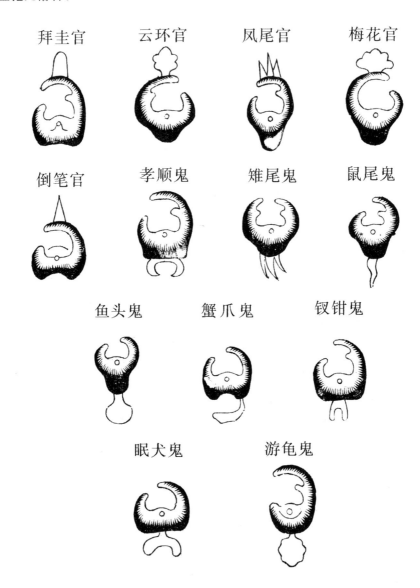

拜圭官　云环官　凤尾官　梅花官

倒笔官　孝顺鬼　雉尾鬼　鼠尾鬼

鱼头鬼　蟹爪鬼　钗钳鬼

眠犬鬼　游龟鬼

禽形异种，惟取内朝。曜体多端，亦贵回顾。

《天机素书》有"伏虾、半月、星月、游蟹、惊蛇、飞鸦、游龟、玉几、顿笏、拜舞、覆钟、伏圭"等名，皆禽形也。然禽虽多，只取逆水内朝而已。又有"插笏、凤翼、半月、凤星、飞带、鼓角、雁翅、拱袖、金鱼、展衣、回龟"等名，皆曜形也。然曜体虽多，亦取回头有情而已。

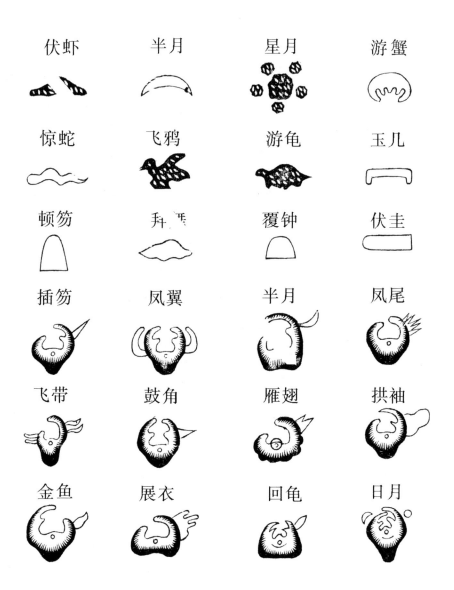

伏虾　半月　星月　游蟹

惊蛇　飞鸦　游龟　玉几

顿笏　　　覆钟　伏圭

插笏　凤翼　半月　凤尾

飞带　鼓角　雁翅　拱袖

金鱼　展衣　回龟　日月

谓之为鬼，有吉有凶；名之曰官，无凶有吉。

谓之鬼者，以其分漏本身之气，取义于窃也，故有吉有凶。谓之官者，取官贵之义，故有吉无凶也。

鬼何以吉，惟龙之醇。鬼何以凶，惟龙之弊。

鬼从本身发出，为本气之验，龙气醇则鬼吉，龙气弊则鬼凶，非鬼能为吉凶，因龙之气耳。《赤霆经》："鬼之形，我之气；应我心，为我卫；

作我吉，因我势；作我凶，因我弊。鬼不吉，能不美；厝其中，人不利。"

故大地不必须鬼，可有可无；而真克决不多生，或三或二。

鬼虽为四灵之一，然大地每无鬼，不必概有鬼而后为大地也。《紫薇堂诀》："无鬼不是地，而是地无鬼。"《金锁秘诀》："大地无鬼，气脉正也。小地出鬼，气脉偏也。"《飞天眼》："鬼偷本身作赘疣，可有可无非所急。"鬼不可多，多则耗散地气，其多者亦只可或二或三而止，如所谓"孝顺鬼、雉尾鬼"是也。按《玉峰宝传》云："地之有气，与人无异。耗少则捷，耗多则毙。泄为一鬼，则地气生。泄为二鬼，则地气死。泄为三鬼，则地气绝。"非谓鬼之果不可有二有三也，极言鬼之透漏地气不可多有耳。

丰圆光彩为鬼之良，散漫丑顽为鬼之劣。

鬼必丰满光圆，乃征气旺，若散漫则气衰，丑顽则相劣，非真鬼也。更有破碎撩乱，或有流泉，或成洞壑，皆凶。若被发掘伤残，可医者医之。

贪狼入首，鬼肖贪狼之形；巨门到头，鬼如巨门之状。

《撼龙经》："九星皆有鬼形样，不类本身不入相。贪狼鬼星必尖小，武曲鬼星枝叶少。多作圆峰覆杓形，撑住在后为最妙。巨门坠珠玉枕形，贪作天梯背后生。一层一级便低小，虽然有脚无横行。巨门多为小横岭，托后如屏玉几正。弼星作鬼如围屏，或从龙虎后横生。横生爪鲍抱穴后，金斗玉印盘龙形。辅星多为独节鬼，三对平如写王字。三对两对相并行，曲转护身皆有意。廉文破禄本是鬼，不必问他穴后星。"

木星结穴，遇金鬼则木贱；金星成胎，遇火鬼则金烁。

鬼星亦论生克，如木星作穴，不宜金鬼；金星作穴，不宜火鬼。惟土星作鬼，则无所不利。

惟鬼不可太薄，薄则气衰；惟鬼不可太高，高则势压。

鬼不可太低，太低则龙力衰薄，余气不旺；鬼不可太高，太高则正气不专，而未免欺主。《二水记》："鬼插天地不元，鬼贴地脉不至。"○凡穴后总不宜有山，若窥探之状。若鬼山高起窥穴，谓之窥穴鬼，必出家贼。○有等尻高脊隆，倾气入穴，谓之高尻鬼，又主大贵，《地学》所谓"鬼势倾回，福自天来"是也。

官之起者曰现世，官之伏者曰暗朝。

官星在案山外多不见，亦有顿起可见者，谓之现世官，亦曰现面官。《太华经》："官星在前多不见，见者各为现世官。"然《胎腹经》又云："官鬼宜隐不宜见，官见讼生，鬼见盗兴。"并附于此，以备一说。

禽无根者为假禽，曜顺水者亦真曜。

凡是真禽必昂起，如物有根，盘结水中。若小石依山傍水，浮而无根，谓之"称官不见禄，终是假官人"。凡是真曜，必头内掬，足斜飞，上所谓"回顾"是也。然一转之外，其余不妨，顺水斜飞，盖曜气飞扬，多不免顺水，故不忌也。《太华经》："或如刀，或如剑，顺水随飞俱冉冉。庸师只断是离乡，不知内有真龙占。"

曜石体者难遇，曜土质者可求，曜清者贵之征，曜浊者富之兆。

《天机素书》："曜气生来类不同，但看清浊踪。清者贵而浊者富，须是回头顾。"

曜短则受职也末，曜长则得位也尊。

杨氏曰："曜星短小只些微，簿尉丞参品位卑。科第纵饶侥幸得，终归夭折少年时。"

曜远则收效也迟，曜近则发祥也速。

曜远则见效迟，曜近则可以催官速贵，杨氏曰："曜星若现石尖生，贴身横过面前平。伸手若还拈得著，少年一纪状元名。"

木火之曜易识，概是直形。金上之曜难知，另成巨体。

水火之曜，其体直长，头圆者为木，头尖者为土，此易知者也。金土之曜，另成巨大星体，世人多不识此为何物。○更有水星之曜，恍如一枝龙去，亦能开帐出脉，起伏顿跌，与行龙无异，转折活动更妙，于龙最为难识。辨之之法，龙则有阴有阳，曜则精紧纯阴；龙则愈行愈张，曜则愈行愈促，到头飘散，无穴无局，俗师到此，多指为有龙无穴，孰知其为曜耶！

然曜疑似而难辨，龙的确而可凭。苟龙贵而穴真，则为插笏飞带之曜；若龙贱而穴假，则为退田离乡之砂。毫厘之分，祸福之判。他如虎生曜则穴倚虎，龙生曜则穴倚龙，官星见则穴迎官，鬼星见则穴背鬼。

鬼者，诡也，天然正穴，何须用此？必穴有偏斜凹缺，或空阔诡秘，不可捉摸，方用鬼证之，而背鬼作穴。《琼林玉函经》所谓"无鬼不诡"，《二水记》所谓"无不如有，救形之丑"，皆是也。

水口石奇而立，则中有潜龙；龙身石尖而飞，则前有蛰穴。

凡入乡村，但见有奇石立于水口，即是禽星，其中必有大穴。凡龙行度之间，但见有尖利之石，飞扬射出，亦是真龙曜气，前途必有大穴，便可跟寻也。

以此证穴，其穴无差。以此卜藏，其藏可发。

地理啖蔗录卷七

平　洋

高山曰垅，平地曰支。支龙伏于地中，垅龙行于地上。垅龙一脉联络，易于追寻；支龙千里平夷，难以踪迹。或为似支之垅，或为似垅之支；或垅止而支来，或垅来而支止。或垅变为支而复为垅，或支变为垅而复为支。

《葬书》："支垅之辨，眩目惑心。"

垅体高行，穴结于麓。支体平走，穴结于巅。

《葬书》："支葬其巅，垅葬其麓。"

南方多是垅形，中原多是支体

以上以支垅并言，以下则专言支矣。

如席之展，如毡之铺；如草上蛇踪，如灰间线迹；如雁飞云里，如酥浮盖中；如折藕之形，如贯珠之状；隆隆隐隐，脉理难详；曲曲弯弯，栖闪靡定。

隐隐，有中之无也。隆隆，无中之有也。《葬书》："观支之法，隐隐隆隆。微妙元通，吉在其中。"

既背面之不辨，复主从之莫稽。是将何凭，要亦有法。观祖之所起，则知其来；察水之所趋，则知其去。

凡一方必有一方之祖宗，观祖宗起于何地则知其来，察水势趋于何所则知其去。

水东流则龙东走，水西流则龙西行。水行则龙行，水止则龙止。所以高山以成风为上，平洋以得水为先。谓之水龙，盖有深义。

《画筴图》："平坡之脉如掌窝，水聚交而不流，锁断真气，便是关门。"《明山宝鉴》："平洋大地，认水为龙。水势若回，龙亦随住。一丈之山，胜彼十丈。一尺之山，胜彼十尺。"《入式歌》："茫茫四畔无龙虎，君欲寻龙向何处。地师只把水为凭，交流便是龙归路。"《玉髓经》："中原平地及湖乡，行龙入地至难详。寻得龙来无穴下，茫茫阔远何相当。此名天平只看水，水达弯环是穴中。若还舍水去寻穴，望望皆平无定踪。龙穴逢水穴方止，无水拦断去不穷。诸公记此水龙诀，不与冈山一例同。"《撼龙经》："凡到平洋莫问踪，只观水绕是真龙。"

大抵支龙之体，亦作垅龙而观。高低虽殊，性情则一。

《吴公口诀》："眠倒星辰竖起看，却与高峰同一样。"

略高略下，定山水之情。相牵相连，察脉络之迹。

《金函赋注》："平洋之间，高一寸为山，低一寸为水。"《捉脉赋》："山谷一顿一伏，平地相牵相连。"

亦生枝脚，亦带护缠；亦开帐成形，亦过峡束气。

平地之龙，亦开帐穿心，亦有华盖三台、御屏玉枕等格。其过峡处，必有银锭束气；水过者，水中必有微高之脊。水底之土必硬，冬间其水必温。但过峡处，要两边夹从。无夹从则风水劫，断不成形。

细审随龙之水，水交即是穴场。更看从龙之砂，砂缠即是气海。或平中起突，或面前开钳。

《穴法》："平地有突，气涌而生；绝胜万仞，仙眼难明；只观水势，便见真情；水如不达，穴法无凭。"梁篛溪云："龙势徉徉落大坪，连天接野不分明。隆隆隐隐寻踪迹，曲曲弯弯断复生。忽然有突连三五，认取开钳是穴情。定要水来环抱穴，砂如牛角两边迎。"

或吐微唇，或生微屬。侍卫亦具，仅咫尺之间；朝迎亦全，在微茫之际。穴复必须跌断，否则散漫无凭；穴前必须兜拦，否则精神不聚。散中求聚，则贴顶者常经；急中取柔，则粘簷者变道。

平洋之地，形如仰掌，阳气舒散，必有突泡隆起，于散中求聚，所谓"支葬其巅"，乃常道也。惟有一等，以支为体，而得垅之性情者，其直如掷枪，其急如绷线，术中谓之"倒火硬木"，此阳中含阴法。当急中取柔，避煞粘簷，刘氏所谓"直急则避毯而凑簷"是也。

蛮皮之上勿下，穴裁动中。硬板之处勿扦，穴坐空际。

凡平洋之穴，固难测识，然真气所在，其地必不板死，决有动形，有动则有穴可裁也。若概是蛮皮，其气不聚，何以知穴之所在？决不可下。《玉尺经》："一片蛮皮，将奚取证？"凡山谷宜坐实向空，平洋宜坐空向实。盖实为阴，空为阳；山为阴气喜敛，故宜靠实；洋为阳气喜舒，故实处为死，不宜靠实。夫平洋大地，一片平铺，若无空界，则阳不交，阴为死土矣。所以平洋必以空界为活，而又谓之空龙也。《遍地钳》："天下州城住向空，何曾撑住后头龙。今人不合古人法，不下空龙下死龙。死龙争似空龙活，龙动之时天地阔。不信但看州县场，尽是空龙活泼泼。"○附《地学》："过水跳起星头，前开堂局，反是平田，名曰坐虚向实，非坐虚也。束气结咽，在水中耳，亦有横体凹脑、侧脑、没骨，真似坐虚，然用鬼用乐，一与山龙同法。"《地理源本》："明初有目讲师者，有坐空朝满之说。盖谓龙落高田，结挂钩穴，背则坐转身空处，面则朝来田满处也。"○按：坐空向满之说，本于杨公，目讲扦平洋穴，无不发者，特善用之，非自渠创也。

开口可据，而薄如筐箧者无成。起突为奇，而圆如覆钟者勿犯。

平洋以开口为真，所谓"平洋不开口，神仙难下手"也。然必分而有唇者始可裁穴，若薄如筐箧，乃扫荡之散气，无所成矣。平洋阳来，贵于阴受，所谓"平中得一突为奇"也，然必隆起而有足者始可裁穴，若圆如覆钟，乃孤曜之的煞，不可犯矣。

水近须有余地，不然则脚残；水远须有低堂，不然则气散。近大水者穴宜退后，不然则有荡胸之嫌；近小水者穴宜居前，不然则有暗耗之患。

平洋虽以得水为先，然天地之理，无太过，无不及，惟贵中和，故近水者要有余气，否则割脚矣；远水者明堂要低，否则气散矣；近大水者，穴宜退后，否则荡胸矣；近小水者，穴宜点出，否则水不见矣。

所以大水近边勿迹，小水弯中可寻。

《经》云："大水近边莫寻穴，下了人丁绝。小水乱弯细察踪，扦著出三公。

他如逆水翻腾，则结顾祖之穴；随水旋转，则成蟠龙之形。

正面蟠龙　　　　　　　侧面蟠龙

直来取横，横来取直；偏中取正，正中取偏；众短取长，众长取短。众大小者为贵，众小大者为尊。亦有顺骑之方，必水交案后复；亦有倒骑之法，必水旺阳中。

如结穴之后，余气不止，滔滔向前者，但审两边砂水，夹辅有情，而生气融蓄之处，以顺骑龙法扦之。此则要余气不飞扬走窜，挽转为我作案者佳，又要案外随龙水交会。如去龙不为我作案，外水不交，乃过龙也，扦之必绝。如龙自前来，而局面反在前者，此当以倒龙法扦之。但要外阳有大水注蓄，否则财禄耗散。

所当权其百端，切勿胶于一格。

相土　望气　尝水

夫穴之有土，犹人之有脏。既禀五行之精，亦随八卦之气。

五气行乎地中，故土有五色：金气凝则白，木气凝则青，火气凝则赤，土气凝则黄，水气凝则黑。又五土成形，各随八卦之气：坤凝色黄，柔而不粉；乾凝色白，刚而不燥；艮凝色青，细而不轻；巽凝色黑，实而不散；离凝色赤，腻而不糁；兑凝色白，紧而不干；震凝色青，硬而不松；坎凝色白，软而不濡。

贵鲜嫩而重实，嫌粗顽而轻松。

土必坚实，固也，亦有满山土坚，穴土独弱，谓之天脆穴。土必鲜嫩，固也，然嫩小枝龙，山色润者，土必嫩；大龙大干，皮色老者，土多粗，此又不可一概而论。○按：土贵重实，必无璺路者，始发真气所结。若重而有璺，即是水折，无气之所也。

红黄为先，惟黑者则不可见；紫白为次，而青者亦不宜多。五色之中，四备为吉。

黑者为水，故不可见；青者近黑，故不宜多。《葬书》："阴阳冲和，五土四备"，亦言黑之不可有也。○一说：色黑如漆而有光，得数点在内，亦足以备一方之气。又沈六圃云：满山不黑，独晕中土黑，乃造物作色迷人，留待有德。○凡欲知穴中土色，可于峡中验之；峡中土何色，则穴中亦是此土此色，所谓"来龙不脱来龙气"也。

色青白者，有水浉之患；色焦燥者，有气暴之忧。欲爽而不枯，而干若聚粟者无取；欲润而不泽，而湿若刲肉者可嫌。

《葬书》："干如聚粟，湿如刲肉。水泉砂砾，皆为凶宅。"《赤霆经》："湿如牛鼻，法即不葬。"所谓天汗穴。○按《六经注》云："水火者，生气之根也。土中之煖气，火也。土中之润气，水也。精神交融，煖润相蒸，而生气出焉。故煖而不润，有火无水则燥烈，燥烈者，煞气也，乘之则发凶祸；润而不煖，有水无火则卑湿，卑湿者，死气也，乘之则主退败。"观此知土之所取者，在干湿得宜，水火既济，术家所谓"丸之即合，散之若粉"者是也。

土穴精强，似土非土最贵。石穴脆嫩，似石非石为佳。

石山土穴，有所谓"龙肝凤髓、猩血蟹膏、散玉滴金、丝红缕翠、柳金黄、秋茶褐"之类，及有异文层沓如花样者，或异色鲜明，如锦绣者，皆坚实光润，似土而非土也。土山石穴，有所谓"如金如玉、如象牙龙脑、珊瑚琥珀、玛瑙砗磲、朱砂紫粉、花钿石膏、水晶云母、禹余粮、石中黄、紫石英"之类，及石中有"琐子文、槟榔文"，或点点杂出，而具五色者，皆脆嫩温润，似石而非石也。如此等类，皆生气融结而成，至贵之穴也。○沈六圃云："虽曰石穴，凿下自然有土，亦不必纯土，凡石中精黄土，反是蚁窟水坑，但要似于非石之土，掘之一层嫩一层，则真穴也。故曰掘得动，筑得碎，得水成泥，入口有味，如此石穴，葬之定贵。若看之是石，凿之是石，手撚之是石，口尝之是石，槌之不碎，碎之不细，如此石穴，即是杀气，况锄不可施，凿不能入，而曰石巧云乎哉！"又叶九升云："石中土穴，俗师每道天成，抑知天地结穴，乃灵气所凝，原不为葬骨而设。葬法乃盗窃天地灵气之法也，焉有生成如圹之石穴？若四围斩断如墙壁者，大凶。"○附《玉弹子》云："亦有穴结石中，凿出无土，旺方取土，谓之并葬。"

其土大同，则万家藏骨。其色特异，则一元孕灵。

穴土与本山土同，则万家藏骨之所，非真穴也。穴土与本山土异，则一元孕灵之区，乃真晕也。《统一全书》："满山皆恶土，穴中得异色之土者，甚佳。若满山土与穴中之土一样，而不变色，亦平平耳。"《地学》："满山黄土，晕中以五色土为异。满山五色土，晕中以纯黄纯白为异。"

开土而闻其清芳，斯为福宅。入井而觉其腥秽，自是凶藏。

山皮之上，经日爆雨淋，其气不可辨；惟开井之土，其气自然袭人，如有一种清香，若芝兰之与人调和，真贵穴也。若如牛泓猪涔，臭秽难当，葬之必凶。

若夫望气之方，古有其说。当夏秋之月际，丑寅之时，必带月而升高，乃凝神而望远。

春冬地气不升，必在夏末秋初，夜静月亮，登高四望，凡结大地之龙，其干脊龙楼宝殿之上，及祖宗聚嶂峡中停驿之处，有气自土中吐出，明日迹之，必有大地。必于丑寅时者，天开于子，地辟于丑，正山川精气吐露之时也。或曰：雨后及日出未出、日落未落之际，其气皆可验。

假气横抹，出山之腰；真气直生，在山之顶。

假气乃岚雾之气，出山之腰，其气横铺，或杂乱不一。真气出山之巅，上大下小，其势如伞，其色光明如焰，出一时即没。

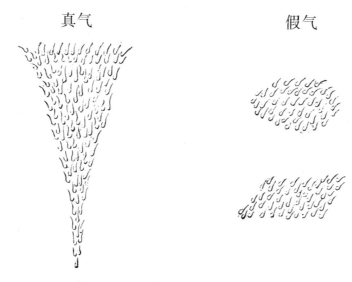

真气　　　假气

红黄带赤，穴结山间。黑白兼青，穴居水际。龙短者气短，龙长者气长。龙来十里，气高一丈。龙来百里，气高十丈。余以此推。

气正出者穴中藏，气侧出者穴旁落。气正出则穴在正枝正干，其上微偏左则穴在左枝，微偏右则穴在右枝。

正出　　　侧出

富穴气必肥浊，贵穴气必清奇。

<table>
<tr><td>肥浊</td><td>清奇</td></tr>
</table>

观气之成色成形，知地之为大为小。

初吐一线，上结华盖，如旌冕垂旒，五色备具，似龙蟠、似云腾者，曰旺气，帝王之地。毫光明灿，如虹如月如凤舞者，曰喜气，英俊后妃之地。或内白外黄，前青后紫，青如牛首，赤如虎尾者，猛将之气，王侯之地。初若云烟，终如鼎沸，中青外红，如流星烛，地如蛟腾凤翥者，福喜之气，宰相之地。赤白兼备，中吐微红，势若幢幡者，文明之气，翰林之地。赤白一丝，直冲贯日者，忠干之气，谏臣之地。赤色一丝，如红而微带彩者，文章之气，状元之地。纯白纯黄者，民牧之地。初吐一线，终盘宝盖，五色备具，轻清上浮，有纹不杂，如踏节，如宝塔，如摇旗，如幢幡，耀日烛星者，为异气，神仙之地。

类兽者出武，类禽者出文。山川之精，于此莫掩；气机之应，于此可凭。若夫尝水之方，古有其说；当天和之候，际水旺之时。

凡阴雨水雪，水无真味，必天气晴和，夜半之时，尝之方确，盖水旺于子故也。

嗽口中之夙津，吸四方之清气。神志既定，滋味可分。

将尝水先以别水净口，随四时吸四方气，先吹入水，再尝入口试之，久矣滋味能辨。须是自己精神爽快方可，若有病及口舌酸苦，不准。

初饮香而再饮甜，自是萃精之地；初吸甜而再吸淡，已经发福之区。

如初饮香，再饮甜者，必有大地。如初饮甜，再饮淡者，大地已经人葬了，气已发泄，故征于水也。

似苦岂有贤豪，似辣必生武贵。腥臭者铜场铁矿，咸酸者社宇神坛。

开口似苦，岂有贤豪；含唇似辣，主出武贵。腥气在牙，是为铜山铁矿。吐出咸酸及涩，是为社庙神坛。

他如水面衣浮，气败所兆；水上藻集，气至斯开。

凡地气败，则水面生衣。红者为红衣水，紫者为紫衣水，绿者为绿衣水，障蔽水面，有穴不发。凡水上生藻，亦有红、紫、绿之异，其甚者亦同水衣，气退则蔽，气至自开，或以人事廓清之，与自开同，亦能发福。

涧映黑光，则顽梗不化。山流红沫，则劳瘵难瘳。

凡黑水龙之恶气，西北边多有之，中原山涧亦往往而有，此方必顽恶，不可驯海，对之作穴，永不发福。凡前砂流红沫，或本身脚下渗出红沫，名为流血水，主吐血崩漏，长病难医。若当龙项红水迸流，必主杀伤横死。若素无红泉，偶被凿伤，于伤痕流出红绣水，是斩龙断脉，必主横祸，急医之，犹恐弗及也。

高山碧流，神仙之圃。平洋碧水，王侯之乡。溪流白，则寺观有灵；白而兼青，则笃生文武之佐。井水紫，则公卿斯起；紫而且白，则诞毓圣贤之徒。

溪流青白，以水色言；井水紫白，以井上之浮气言，非言水色也。

黄气见则生苌臣，白气见则生孝子。惟井上者可据，是为祥光；在溪间者难凭，多属雾气.

杂说一

夫地理者，两大之絪缊，二气之感孚。龙之阴阳看间星，峡之阴阳看胎伏；星之阴阳看成体，穴之阴阳看媾精。砂之阴阳看平陂，水之阴阳看动静。

地理无他，阴阳而已。龙有阴阳，所谓"必二阴三阳相间"是也。峡有阴阳，所谓"前胎后伏"是也。穴星有阴阳，所谓"金、木、火为阳星，水、土为阴星"是也。成穴有阴阳，所谓"阳来阴受，阴来阳受"是也。前砂有阴阳，开面生凹渐平向穴者为阳，顽饱陡岸无面者为阴也。水有阴阳，急流而动者为阴，平缓而静者为阳也。凡砂之阴向、水之阴流者，皆不结穴。《司马陀头水法》："水分阴阳，动水为阴，静水为阳；水有雌雄，大溪为雌，小溪为雄。大溪属阴，小溪属阳。"

既明梗概，便可追寻。先观有龙无龙，次审有穴无穴。有阴阳递代之妙，是谓有龙；有阴阳老少之情，是谓有穴。

阴阳递代者，即上所谓间星是也。阴阳老少者，窝钳乳突是也。钳为少阳，窝为老阳，乳为少阴，突为老阴，凡穴只此四者而已。有此四者，便为有穴。

有龙无穴勿葬，有穴无龙勿扦。无穴者谓之伪龙，无龙者谓之假穴。所以假则咸假，真则咸真。

辨穴固在观龙，而有龙无穴，法亦不葬。故杨氏三不葬，首言有龙无穴不葬；厉伯韶四不下，亦首言无穴不下。夫既有龙矣，何以无穴？盖其龙虽起伏而来，只是缠龙，为他人而设；或行度太长，脱泄太过，到头气散无力，不能融结，谓之空亡龙；有龙无穴，大约有此二种也。若死硬、粗蠢、懒缓、斜靡之山，而前头却有窝、钳、乳、突之形，是为假穴，不可误扦。

必祖宗父母之分明，须胎息孕育之的确。

凡龙发脉处，必有高山大峦，谓之太祖，自此辞楼下殿，迢递而行，又起高峰，谓之宗山。复奔腾磊落，逶迤而行，其间小可星峰，则不必论。直至将及结作，再起秀峰，超异众山，谓之少祖。自此又行三四节即结，但以元武顶后一节之山，名曰父母。父母山要合得一吉星，张得两翅，方能结作，若无此便不能穴矣。父母之下，落脉处为胎，如禀受父母之血脉为胎也。其下束气处为息，如母之怀胎养息也。再起星面，元武顶为孕，如胎之成男女，有头面形体也；融结穴处为育，如子之成，出胎而育也。《锦囊经》所谓"万里之山，各起祖宗，而见父母胎息孕育，然后成形"，是以认形取穴，明其"父之所生，母之所养"是也。

祖宗父母胎息孕育图

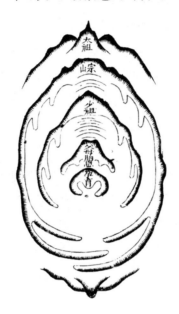

既内气外气之必辨，复主气客气之当详。

内气者，气行地中，水之母也。外气者，水行地上，气之子也。气藏土中，谓之内气；水流土外，谓之外气。山行则水随，水界则山止。水不合襟，则龙脉不止；龙脉不止，则气行未住。故必得外气之拦，而内之生气始止。寻龙点穴，必于水交之处求之，乃要旨也。《琼林经》所谓"得水则气止"，《葬书》所谓"外气横形，内气止生"，又曰"外气所以聚内气，过水所以止来龙"是也。又《拨砂经》云："水止来气，贵其聚也。"聚则宏深则山无余去，深则悠扬则气不分散。山无余去，则力尽之气运，反覆回顾，钟于一局；气不分散，则渟蓄之余润，次序回润，反于一本。主气客气者，以方位生克而言也。凡东方行龙，皆风木之气主之；南方行龙，皆君火相火之气主之；四隅行龙，皆湿土之气主之；西方行龙，皆燥金之气主之；北方行龙，皆寒水之气主之。自主气之外，皆为客气。如主星气旺，则客气生我者凶，克我者吉；如主星气弱，则客气生我者吉，克我者凶。

察山水交媾之情以知其概，观阴阳颠倒之妙以把其机。

凡入一乡，但见山水俱顺，则无交媾之情而不结地；但见山水俱逆，则有交媾之情而结地。知者观其外，而知其内之有穴，正以此也。凡临结穴，必定阴阳颠倒，如众大取小，众小取大；众高取低，众低取高；众长取短，众短取长；阴来阳受，阳来阴受；横来直受，直来横受；硬来扦软，软来扦硬；直来扦曲，曲来扦直；雄则取雌，雌则取雄；饥则取饱，饱则取饥；坦中取突，突中取窝；圆取其尖，尖取其圆；缓取急处，急取缓处；强来弱捉，弱来强捉；老处求嫩，嫩处求老；山多处取水，水多处须山；石山要土穴，土山要石穴；舒旷处要紧夹，紧夹处要舒旷；牵连多取跌断，跌断多取牵连；有气要扦无气，无龙须下有龙；来者不宜太逼，去者须要回头；山本静势求动处，水本动妙在静中；龙从左来穴居右，龙从右来穴居左，皆"颠倒"之谓。前人谓"特"之一字，足以尽地理之奥，而地理之有可把握者此也。○《堪舆管见》："山得水，水得山，是夫妇配合。水逆山，山逆水，是夫妇交感。若山水俱顺，则虽配合而无交感，非成龙之地。"

天地储精，都非无意。山川作态，惟在有情。苟非个中，断然精神不聚；但是局内，便觉气象不凡。望势寻龙，观龙知穴，砂之贵贱从穴，穴之贵贱视龙。龙质下则穴凡，龙格高则穴贵。

萧吉《葬经》："砂形有似美女，贵贱从夫。水法如阵上之兵，进退由将。"《泄天机》："喝砂须要龙为主，高下龙中取。真龙若又遇贵砂，锦上更添花。龙贱若还遇贵砂，贵砂变为凶；贱砂若还遇贵龙，砂亦不为凶。"《雪心赋》："若坐山秀丽，杀刀化作衙刀。或本主贱微，文笔变为画笔。"又曰："须看后龙，而分贵贱。"《疑龙经》："恐君疑穴难取裁，好向后龙身上别。龙上生峰是根荄，前面结穴是花开。根荄若真穴不假，盖从种类生出来。"

俗喜起伏，岂知平走为奇；俗善直长，岂知横阔为贵。

叶九升云："世人论龙，多喜起伏，不知多起伏，非龙之美也。起伏是枝龙之体度，若大干龙，不论高山平冈，挺腰直行，并无起伏。若能平行数里，贵不可言；里许亦大贵。半里数箭，亦结贵穴。世人论龙，多喜直长，不知直长非龙之贵也。直长是贱龙之体度，若贵龙，不论高山平冈，张翅横阔。惟横阔始能大迎大送，成许多美格，无论枝干，俱出大贵。"○按：大龙平行，则有阳配阴。且凡龙穿田，则脱尽煞气，故结福德大地。

龙质忌重，重则呆滞不灵。龙体欲轻，轻则轩举特异。呆滞者禀地之浊，轩举者受天之工。地浊则生凡夫，天工则生杰士。大抵干龙恒少，支龙恒多。

有域中之干龙，有一省之干龙，有一郡之干龙，有一邑之干龙。大抵干龙少而枝龙多，故枝结可求而干结难求也。○凡目前所见，多是砂体。砂结者十之九，龙结者十之一。虽枝龙正结，亦不易得，此又不可不知。

干龙气雄，虽分枝而未艾。枝龙力薄，有劈脉则愈微。以丿乀喻龙，得龙之妙，以伏发古穴得穴之情。

龙之枝脚如丿乀，然必有此方成龙，故古人以字之丿乀喻龙，而龙之妙已得矣。将成龙，必伏而发；将结穴，必发而伏，不发不伏，结穴尚远。古人以"伏发"二字，占穴之远近，而穴不能遁矣。《统一全书》：京都之龙万余里，以藩省之龙为丿乀。藩省之龙千余里，以府郡之龙为丿乀。府郡之龙二三百里，以州县之龙为丿乀。州县之龙百余里，以乡村市镇之龙为丿乀。

五星皆行龙，而金水之龙最吉。九曜皆结穴，而金木之穴最多。

行龙须水土相间，前固言之矣；而金水行龙，起伏顿跌，相生而不相克，又行度之最吉者也。《玉髓经》："惟有金水最相能，木能相生亦杂行。"

行龙低伏若力衰，忽过水而骤雄峙。外山横拦则气止，若包穴则愈精专。

《雪心赋》："弃甲曳兵过水，重兴营寨。"

背圆为龙，不圆则龙假；顶圆为穴，不圆则穴虚。

凡主龙，其背未有不圆平者。若行度之间，其背偏侧，是缠龙，非真龙也。龙背露石，亦必中正，稍偏则为砂矣。《地理小卷》："无背而来者，曰真顾他；有背而来者，曰假。"《道法双谭》："孰为护砂，孰为正脉？平面为脉，仄脊为砂。"《地学》："但是主龙身必圆，旁龙侧面向一边。非惟冈背有如此，石头背面亦皆然。"凡真穴，其顶未有不圆者，所谓"圆毯亦曰乘金"是也，若不圆则是虚穴无生气矣。《地学》："凡穴顶坐穴，观之必圆，何也？圆是旺气，亦是吉气。或隆隆而圆，或浑浑而圆。总之，晕上必圆，不圆固不成晕。"

条条者非龙，是龙亦末。昭昭者非穴，是穴亦庸。

龙法最嫌条条子，条条子多系荒冈或山脚，非龙也。或是缠龙，起伏袅动，有带结亦微末耳。穴法忌太显露，古人谓穴为元微，言不显也。大显露则无浑噩秘惜之意，非穴矣。或枝脚砂垣带结，穴情明显，究竟平庸，非贵物也。

是真龙必不孤行，是真穴必不独止。盖照应集，若云之从龙；缠托送迎，若鸟之拥凤。

在前正朝曰照，在后正耸曰盖；在前侧峙曰应，在后侧峙曰乐。《天机素书》："应与乐之相接，中有好龙。盖与照之相停，内生贵地。"又："在后者曰送曰托，在前者曰朝曰对，绕抱过前者曰缠，奔走相揖者曰迎，列于左右者曰侍卫夹辅。"《入式歌》："迎龙先在穴前揖，送龙穴后立。缠龙缠过龙虎前，托龙居后边。"又曰："当面推来名曰朝，不怕远迢迢。送是随龙来百里，见穴却停止。迎是随龙先出来，见穴却回头。或随朝迎来聚集，远望低如揖。卫是护龙左右随，莫令四风吹。侍在穴前分两边，端拱默无言。"《拨砂经》："好砂却似羊见犬，个个回头转。又如将米去呼鸡，个个尽相随。"

辅弼夹立，既登对而均匀。城垣环围，复周密而磊落。

左为辅，右为弼，即上所谓"侍"，十字峰之左右立者也。然不独穴间有之，朝案山亦有之。在龙虎之外者为肘外侍，在案山左右者为夹案侍，在案山一边者为案头侍，朝山案山两边皆有者为摈介持，只朝山有而案山无者为宾侍。大抵侍山必脱离明白，不敢倚墙靠壁；左右要登对不差，高低大小远近相等方合格，惟大地乃有之，寻常富贵墓宅不能有也。《地学》："侍卫皆人形，清文浊武，金木居多。火水间有土，则痴肥迟重，不堪使令，置散投闲。或分童男童女者，山有阴阳，在人意会也。大约近身者宜秀嫩纯美，不可出恶相；窥穴如恶相见，即为劫山，非侍卫矣。"又曰："肘外侍立，中堂必开；崇高富贵，润达襟怀。夹案侍，周召是。案头侍，伊吕是。主设摈，宾设介。仪从相当，王侯之贵。有介无摈，尊不抗礼。拥从自多，其贵无比。"《人子须知》："或圆耸如太阴太阳，谓之日月夹照；或卓立如顿笔展旗，谓之文武侍卫。在后龙之左右者，谓之天乙太乙；在过峡之左右者，谓之天角天弧。在前朝之左右者，谓之金吾执法。在明堂之左右者，谓之天关地轴。在水口之左右者，谓之华表捍门。皆辅弼之推类易名者也。城垣者罗城垣局，即前朝后托相连于周围者也。要重叠周密，高耸圆绕，如城之有女墙垛者，故曰罗城。又如天文，三垣有围垣之星，以卫帝座，故又谓之垣局，即罗城也。"《地学》："垣之真者，真如筑墙；城之真者，真如筑城。然不能无高低起伏，若凹缺处正当穴场，名为败垣破城，远风射心，此穴必废。"《撼龙经》："罗城恰似城墙势，龙在城中聚真气。"《雪心赋》："华表捍门居水口，楼台鼓角列罗城。若非立郡扦都，定主为官近帝。"○附《地理集解》："龙楼宝殿者，即前后起峰叠叠，所谓前遮后拥是也。天乙太乙右，即出身处左右起峰是也。左辅右弼者，即过龙处左右起峰是也。金乌玉兔者，即明堂之左右起峰是也。皆要对峙，谓之四神八将。"○日是太阳金星，月是太阴金星。天乙太乙是木星，龙楼凤阁是火星。天弧天角亦天星，借以名峡左右之山也。天弧为阴为雄，头高插入天半，如勒马之发足，如飞旛舞旗，飘飘而动。天角为阳为雌，头圆而身厚，如犀牛之发足，如竞渡荡船，上尊而下动。过峡得此二星为扛夹，阴阳配合，至贵之格也。

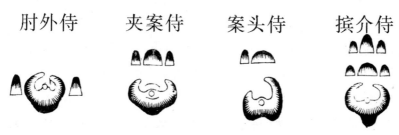

| 肘外侍 | 夹案侍 | 案头侍 | 摈介侍 |

宾侍

天弧

天角

乐有特乐借乐，惟虚乐则略无乐情。朝有特朝横朝，惟伪朝则了无朝意。

远山特来，挺然贴穴，谓之特乐，此格为上。虽非特乐，而横障贴穴，不令空缺，谓之借乐，此格次之。既非特来，又不横绕，而低小躲闪，散乱远旷，枕穴不著，谓之虚乐，此不入格，穴必不真。前山迢迢，远来两水夹送，当穴特立，谓之特朝，此格为上。前山横开，帐幙有情，面穴或两边，如排衙唱喏之状，谓之横朝，此格次之。前山虽尖秀，却大势直去，两不相应，无意向穴，谓之伪朝，此不入格，穴必不真。

势止则水必来会，不会则其止非真。龙住则砂必有情，无情则其住未确。

《入式歌》："寻龙点穴须仔细，先要观水势。若是龙住水聚堂，不住乱茫茫。穴若止时水便聚，不止迢迢去。"又曰："大凡寻龙与点穴，细把前砂别。龙若住时砂有情，不住乱纵横。穴若正时砂效用，不正自飞动。真龙藏倖穴难寻，惟砂识倖心。"《寻龙记》："龙若住时山水回，龙未成时山水去。"

外水虽旺，不如内水之真；外砂虽奇，不如内砂之切。

外水者，江河溪涧之水；内水者，左右送龙之水及穴上之虾须蟹眼水也。外砂者，前朝摆列之砂；内砂者，穴之龙虎及穴上之蝉翼牛角砂也。有内砂内水，穴方真的；若外砂外水，乃众山公共之山水，与一龙一穴不甚贴切也。《经》云："外水千潮，不如内水一交；外砂千重，不如内砂一抱；外砂千仞，不如内砂一寸。"

无水不可作穴，非局不可言龙。大抵地有要机，法有先务。

真假生死之分勿爽，顺逆老嫩之辨毋讹。真则山朝水朝，假则山去水去。生则风藏穴煖，死则风荡穴寒。逆则下山脚回，顺则下山脚直。嫩则子干光润，老则母山粗顽。嫩者如树之柯，荣而且实；老者如木之本，枯而不华。凡此数端，已得大概。

《入式歌》："第一要分真与假，多有昏迷者。若是真兮山水朝，假则去迢迢。第二要分生与死，时师多昧此。藏风得水是为生，死则气飘零。第三宜逆不宜顺，莫把寻常论。逆是下山脚先收，顺是逐水流。第四要嫩不要老，细看非草草。老是大山毛骨粗，嫩是换皮肤。"《风水口义》："风来则生气散而穴寒，风去则生气凝而穴煖。寒主肃杀而人物消，煖主发生而人财盛。"

龙祖若是火曜，位可三公；龙身如带吉星，兴可数世。

《撼龙经》："贪狼若非廉作祖，为官也不到三公。"《雪心赋》："吉星若坐后龙，岂无厚福。"吉星者，尖圆方三星是也。

群山凑合，概是水星。一山尊严，乃为他曜。

叶九升云："今人走入山乡，见群山乱杂，不土不金，非木非火，不特不见一正体五星，即以九星凑之亦凑不出，竟不知此一片山是何星也。殊不知地星有法，一方群山凑合，大象是一水星，干中有特起尊严高峻星体，则成七星；秀丽巧妙星体，则成五星。"又曰："凡一方之山远望，如波如浪，皆成水星。盖两间惟水为大，其气最盛，故山皆成水体。天一生水，水为五行之始气；万物皆生于水，水者山之本气也。"

太阴饱则为孤曜，太阳饱则为天罡。太阴有土头方真，太阳有水腰始确。

太阴带土头　　太阳转水腰

土歪斜则不端重，金破碎则不纯和。金星连生，即是水意。水星叠绕，即是云情。火不嫌分，故作祖为贵。木不嫌聚，故出阵为奇。

　　金分则轻，木分则小，水分则浅，土分则微，惟火则愈分愈盛，故宜作祖也。五岳名山，多是火体，天地自然之妙也。木性丛生，故不嫌聚，数木连起，谓之出阵贪狼，亦曰出阵旗，乃龙祖龙格之奇者也。

　　平脑若不脱胎，可朝而不可穴。凹脑已有化气，可穴而又可朝。水体无源，则脉理已槁。木形无脚，则生意不华。

有源之水　　　　　有脚之木

　　金白水清，必资火照。水盛金弱，必借土防。

　　凡穴后来龙，全是金水两星相间而行。金能生水，水亦生金，金水相得，谓之金白水清，固是洁清贵秀，但恐金寒水冷，葬不发福，必后障或外阳，或左缠右护，望见火峰，即阳回气转，生贤发贵矣。然此指穴在山阴而言，若在山阳，即纯金水，亦自和煖，不借客火作照也。凡水星来龙，必金星作穴，借金以镇水也。若后龙数节皆大水，穴山仅微金一点，水盛金沉，虽葬不发，虽发不久，必前案或水口得横土截拦，以成堤防之功，谓之止水土穴，自贵秀悠久。若金星高大者，不同此论。

　　木必生芽，无芽者谓之死梗。金须坐实，不实者谓之悬钟。

　　木形直长而瘦，必生包节，乃有穴意。无包节谓之枯株，死梗无用之木也。金虽开口作穴，必要坐实，若坐下不实，谓之悬钟金，其气在边，如钟之声应在边也。

　　秀木顺流则漂泊无所，镵金穿火则煅鍊有成。

　　凡龙皆恶顺水，而木星尤甚。若顺江河流水，则木为水漂，虽极文秀，终主流落。凡粗顽之金，上带乱石者，谓之镵金，本无结作，若穿火以鍊之，而剥出精金，亦贵穴也。

　　金日流出，总无化气。火日闷地，究有烈情。

术家有流山金之说：流山金者，如镕金泼地，触处成圆，前后左右，目之所接，无非金也。中无木火相间，嫌无化气，虽有小小结作，人丁衣食而已。术家有闷地火之说：闷地火者，犹炭在炉，不甚出焰，而间出小焰，谓之奴火，多作帐角罗星，亦有为龙者，终嫌其有烈性，必有传变，乃可作穴。《地学》：亦有火堆人不见，红炭闷地顶无焰。时时小焰窃窃出，余奴本号罗睺面。多发外水出身人，亦是龙神贵中贱。

弼星初无正形，恒在过峡之处。辅星虽具微体，每附诸曜之间。

左辅属金，圆而低小；右弼属水，不起峦头。二星虽在九星五吉之列，不能行龙，不能作穴，随龙之左右，或峡之左右，为侍卫星，左为辅，右为弼也，所以谓之隐曜。凡峡之左带有圆泡，即辅星；峡之右渐渐落平，或如铺毡展席，即弼星。《撼龙经》："弼星本来无正形，形随八曜高低生。要识弼星正形处，八星断处隐藏行。隐藏是名为隐曜，此是弼星最要妙。"《铁弹子》："九曜皆要辅弼随。"

太阴悬针则妇有宿疾，太阴流水则女多习淫。

太阴有后妃之象，喜清秀圆净。若太阴中单起木梗，直硬垂下，谓之悬针杀，乘此安扦，主妇女残疾少亡。若正面中有水路流破，或一条，或二、三条，谓之水破太阴，不论穴山朝山，俱主妇女淫荡。《雪心赋》："水破太阴，云雨巫山之辈。"

廉贞如不变形，则才而作贼。红旗若能换骨，则文而掌兵。

《撼龙经》："廉贞不作变换星，子身乱伦弑君父。"又曰："有人晓得红旗星，还有威权近凶怪。权星斩砍得自由，不统兵权不肯休。"又曰："权星威福得自专，纵入文阶亦武威。"红旗即廉贞之别名也。

凶星亦有高情，取裁必审。吉龙亦有暴气，作法当详。

《撼龙经》："莫道凶龙不可裁，也有凶龙起家国。盖缘未识间星龙，贪中有廉文有弼。武有破军间断生，禄存或有巨武力。十里之中卓一峰，小者成大弱成雄。此是龙家间星法，大顿小伏为真踪。"《九星穴法》："九个天罡人道恶，六个吉神落。若穿金水土星辰，最好救人贫。九个孤曜名不好，四个藏金宝。元来生水与开金，穴向此中寻。九个燥火有吉凶，七个是仙踪。能效前人剪火法，立定登科甲。九个扫荡未为奇，七个蕴天机。法宜截荡夺神功，奕世产英雄。"《拨砂经》："天罡孤曜，二体最雄，其性极锐，吉葬之所忌见而畏闻也。如后龙温逊，前砂和纯，穴情明白，龙虎弯环，不可弃也。加以浮沉法安之，富贵非常，亦无灾害。若后龙生剑戟，前砂列枪旂，虽主威镇边疆，终遭刑戮，能和以浮沉之法，庶几可迟缓耳。"又曰："龙自起祖，奔腾涌跃，轩昂起伏，其势必雄，虽吉龙亦有暴气，穴必退落，于尽于尾，于旁于枝。如人之有激而行，必至尽而后止，或至半而后止也。若即续作穴，必主初年不利。间或有穴，亦必深凿金井，大开水窝，一二年后下棺，祸可免福可凝矣。《经》曰'忌暴'是也。"又曰："初葬即见祸者，犯暴气也。吉地亦有暴气，当窍之于未葬之先。"又曰："窍之功，不止于穴星也。后龙有病，亦当窍之。"又曰："山体有偏驳之病，发之于外。窍之者去其病而援其根，积水以药之，渍灌之，久反其偏驳，而全其纯粹之性矣。"又曰："穴星本体有病，发而为外护，因其外而孔之，以求中和，渐渐涵养，消其裰气，此权宜之用也，窍太多，本体愈弱。窍法外有病形，内有变土，去其变土即止。"

山体虽多，无非五气。穴名虽夥，不过三才。

山之体格虽多，皆因五行以定名。如金之高者则有献天金，低者则有卧蚕金、水泡金、粉饼金；木之高者则有通天木，低者则有倒地木、浮牌木、曲尺木；水之高者则有浪天水，低者则有梅花水、平波水；火之高者则有焰天火，亦曰照天火，低者则有入池火、落河火；土之高者则有凑天土，低者则有铺毡土、棋枰土、砖角土之类是也。穴之名号多端，不过天、地、人三者，如盖穴、压煞穴、天巧、仰高、凭高、上聚、骑龙、斩关之类，皆天穴也。如撞穴、倚穴、藏煞穴、中聚之类，皆人穴也。如粘穴、缀穴、接穴、抛穴、继尾穴、捉月、藏龟、下聚之类，皆地穴也。

地理啖蔗录卷八

杂说二

惟干龙山垅牵连，不必尽拘星体。惟怪穴头面诡秘，不必概合曜形。

行龙必成星体，此常理也，却有等干龙，崇山大垅，牵连而行，不可尽以星体拘。穴山必合九曜，此常理也，却有一等怪穴，奇奇变变，头面诡秘，不可概以曜形论。前辈如吴仲祥、董德彰，多下此等怪穴，然惟地理到达化处，乃能及此，非浅学所可借口。

穴下斜铺，多是大嘘余气。穴中隈聚，何妨不见外阳。

有等穴结山腰，穴下或田或畲，由高渐下，斜铺阔远，不免倾跌，多是大龙吐出余气，未可以水不界、气不止而弃之也。有等穴结高山，穴前一臂过宫掬拦，以聚内气，外阳朝山朝水，一切不见，俗眼但贪远秀，必不于此裁穴；不知既有砂以固内气，自然不见外阳，无妨其为贵穴也。术家所谓"闭局"，所谓"关门窥壁"，皆此类也。按：外阳或作阳、或作洋者，平地为阳，大水为洋，外堂是平地，故曰阳；外堂是大水，故曰洋。

穴后退落则气和，穴后连亘则杀炽。

《拨砂经》："穴后当背一节龙，关系极大，必须退落，渐次平伏，结穴为贵。倘牵连直至，全无婉转之状，屈曲之情，是龙气方刚，一脉贯顶，多有刚暴之凶。"又《地理小卷》以层叠直来、气脉不动者为串脉，大凶。

穴后陡壁，谓之拒尸。穴后空槽，谓之仰瓦。

凡穴后自主山渐渐而下，如欲受人之葬，结穴处浇水不流，置坐可安，谓之"玄武垂头"，《倒杖诀》所谓"断续续断，气受于坦；起伏伏起，气受于平"，《地理小卷》所谓"来不来，坦中裁；住不住，平中取"，《搜山记》所谓"来来来，堆堆堆；慢中取，坦中裁"，皆垂头之义也。若穴后之山陡峻如壁，谓之"拒尸"，如不肯受人之葬而拒之也。盖壁立则无降下之势，而真脉难落，安有融结？《雪心赋》："后山不宜壁立。"《葬书》："元武不垂者拒尸。"《拨砂经》："来山低垂者，生气融聚也。壁立不垂，生气少聚，葬者慎之。"凡横结回结、侧穴闪穴，须后有鬼撑。若无鬼而后有漏槽，谓之仰瓦。《雪心赋》："穴后须防仰瓦。"《撼龙经》："问君何者为空亡，穴后卷空仰瓦势。"

穴前亦嫌陡峻，惟上聚开口者无嫌。穴后固忌空亡，惟天财凹脑者不忌。

上聚之穴，安得不陡？况又开口，故不嫌也。《经》云："上聚星辰若开口，穴下不畏陡。放棺定有坦平坡，微乳或微窝。"穴后空亡，即上所谓仰瓦，惟天财之凹脑者，气蹙于前，反以仰瓦为真。若仰瓦内又出一乳，则非真结。〇凡凹脑之穴，必要后有乐山，若垂乳结穴而乳头长者，则气钟于乳，虽无乐亦不妨；但要后宫包裹，不可空旷。若有孝顺鬼，则无乐亦贵。

低穴不问对案，只看兜唇；高穴不拘明堂，但要转脚。

凡龙落平田，一节低一节，如水上浮簾，到结穴处，两边生翼迴环，中间隐然开口，此处安得有案山？只前面田塍兜转如牛唇，又有如初生月，穴对前面唇口之中点之，取其微高，即同案论。凡高穴不可拘泥明堂，但要砂脚关拦，穴上不见水出，亦不妨为真穴。杨氏曰："高山不论水。"《入式歌》："若是穴高明堂远，只要有城转。莫因此样便疑心，龙往乃为真。"张紫琼《穴法诗》："上停之穴家豪强，宾主特达龙虎昂。高山不必问流水，时师休要泥明堂。"

穴前之山贵拜伏，露彼真情。穴后之山贵尊严，资我多福。

案山之下，又有小山向穴，谓之拜山，有此愈见有情于我，其穴愈真。《天机素书》："势如径拜为特。"穴后坐山曰盖山，盖山高者，曰天柱峰，亦曰福储峰。《雪心赋》："天柱高而寿彭祖。"赵缘督曰："坐后重重高照，百福攸集。"《泄天机》："盖星须要大而粗，尖圆却不拘。"

财山乃进神之别号，总是逆流；债山即退神之易名，无非顺水。

左水倒右，左砂必逆水；右水倒左，左砂必逆水。逆水之砂，谓之进神砂，即财山也。若顺流而去，谓之退神砂，即债山也。逆水为财，顺水为债，何也？如人饮食，必以手撄之；砂不逆水，不能食水，自不免于饥饿，宜其贫矣。○又凡有财山者，若被流水反牵而去，虽穴吉发财，亦不免耗散，或为人所夺，而不能自用。《雪心赋》："财山被流水之反牵，花蜂酿蜜。"○按：地理贵逆砂者，以其能收水旺财也。殊不知是大地必有顺砂，盖上砂顺水盖穴，则能间隔客水，不使上堂，而内气自固；若无顺砂盖下，则主星不能关局，客水扣脚，牵泄内气，主星露面向水，反为他人锁水之贱物矣。故结地之概，惟顺水局穴向去水，必须逆砂逆案关拦，若斜局、横局、逆局，穴既与水逆，最怕气受水之冲劫，不能融聚，故皆以顺砂为生死之命。世人但言逆砂而不言顺砂，岂足以语斯道之精微乎！○按：此所谓顺砂、逆砂，乃龙虎外之上下砂也。

子高父下，谓之逆胎；子下父高，谓之顺育。

穴后一节之山为父母，若父母低，峦头高，谓之逆胎；若父母高，峦头低，谓之顺育。○穴星后有父母山，固是美地；却有等纯阳行龙，一路平坦，到头顿起一星即结穴，在此星之上，不特无父母山，即祖宗亦了不可见。盖山川之变化，初无定体，不可以常格拘也。○又有一种前低后低，中节高耸；性情面左，则于左边寻穴；性情面右，则于右边寻穴，此亦不可以父母山论。

形如聚蚁，见砂之无情；势若游龟，知龙之未住。

《四神口诀》："市井之地，山如聚蚁。"《青乌经》："贫贱之地，乱如散蚁。"《雪心赋》："游龟不顾而参差，是息肩于传舍。"

如瓜蔓滋，是田舍之规模。如笋遍生，是山谷之气象。

平冈仙带脉，可贵也，却有一种蔓生如瓜藤者，或数枝，或数十枝，从干上分出，枝复生枝，蔓延屈曲，不可胜数，其性柔，略无骨气，过细太多，经人行断，我为尔缠，尔为我护，莫适为主，到处作穴，此田舍小人，衣食差足之，所谓之瓜藤龙，不可以仙带论也。木星连生，谓之出阵贪狼，可贵也，却有等深山之中，尖峰簇簇，千百环绕，此山谷小民所止，略无文秀，未可以为文峰而生羡也。《撼龙经》："山来陇右尖如削，尽起贪狼更高车。此地如何不出文？只为峰多反成浊。"《地学》："我行雅州见雅山，簇簇文峰有百千。唤作雅州名甚好，却少雅土生其间。无中仅有便难得，一个文峰胜十百。山里多峰是等闲，气促峰立非奇特。"

芦鞭入首，为水木之贵形。文曲到头，乃扫荡之下格。

芦鞭者，木直水曲，相辅而行，所以谓之"水木芦鞭"。若带节泡，更有金意，最贵之品也。文曲者，平面扫荡，止有屈曲之水，略无直硬之水，又无节泡之金，浑身到头是水，流荡忘返，所以为四凶之一，最下格也。○按：文曲所以为凶者，谓全是荡体，直到穴场，不起金顶，谓之寡水，误葬主出人流荡好淫，渐至消灭，盖指到头一节而言也。其实，凡龙行度，非文曲不能成龙成胎。若文曲行龙，有金木间之，金能镇水，水得水生，又至贵之格，不可以凶论也。若如唐完庚作《堪舆一贯》，遇后龙有曲脉，即指为文曲，断为大凶，将凡活动贵脉，一齐抹倒，岂地理必以直为贵乎？若如所云，岂郭参军所谓"腾蛇委蛇"，李淳风所谓"仙带脉"，卜学士所谓"活龙活蛇"，张子微所谓"九天飞帛"，蔡文节所谓"之玄屈折"，廖金精所谓"生蛇"，董德彰所谓"曲屈如生蛇下岭"，为皆非乎？况文曲之说，本杨氏《撼龙经》；《经》曰："此星柔顺最高情，形神恰似生鳝样。"又曰："九星皆挟文曲行，若无文曲星无变。"又曰："平地蛇行最为吉。"又曰："若得尊星生一峰，便使柔星为长雄。"是皆言行度之间，必须文曲；有峰峦间之，其格最贵，今概以为凶，何哉？《经》又曰："若是无峰如鳝样，死龙散漫空纵横。纵饶住处有穴情，社庙神坛血食腥。若是作坟并建宅，女插花枝逐客行。男人破家因酒色，令人冷退绝人丁。"又曰："文曲一水何孤单，生枝生足如蚰蜒。乱花坏垅不接续，三三五五飞翩翩。也似惊蛇初出草，也如鹅颈枕流泉。此地葬之主游荡，男不忠兮女不贤。"是皆言作穴之间，一水到头，不起峰峦，故主大凶，非言行度处不可有文曲体也。经文甚明，何督督不察，而哆口谈地乎？

形虽丑拙，龙贵则无疑；穴虽模糊，脉真则不假。

凡证得穴场所在，而其形丑拙，了无可喜，只看后龙节节贵格，而他处又不可作穴，则舍此焉往？不可因其丑拙而生疑也。凡穴间此全彼缺，左有右无，如半开之英，方成之孕，或微有窟突，模糊不明；只看节节出脉处，有芦鞭串珠、蜂腰鹤膝等脉，及凡细巧曲动者，皆是一点真水成胎，则穴必不假，不可因其模糊而见弃也。《道法双谭》："大抵辨疑穴者，不辨其穴，只辨其脉。地之有无结作，其精神不在成穴处，而在出脉处。"故奇怪隐拙之形不可信，而脉为可信。论脉不止入首一节，凡出身降势抽动处皆是，其状如啄木之飞空，如生蛇之渡水，如梭中之抽丝，此皆自然行度，名"受脉真水"，无此则不融结。陶公有言："但认蜂腰鹤膝，一恁模糊不清。"大凡穴模糊，要脉不模糊，故曰"有怪穴无怪脉"。有脉无形，虽隐亦真；有形无脉，虽明亦假。此毫厘之辨，杨、曾授受之心法也。

先观穴信，次悟穴场。更审穴情，终规穴的。

凡行龙有真水一点，便已受胎，前途必定育穴，是谓穴信。既得穴信，便看龙落何处，是为穴场。必言悟者，穴场多不可见，在智者悟而得之。既得穴场，即当审是在何处，是谓穴情。既得穴情，便当详亲倚、饶减、浅深之法，如射者命中，不差毫厘，是谓穴的。以数十百里之龙，而悟此寻丈之穴场；以寻丈之穴场，而审此方丈之穴晕；以方丈之穴晕，而规此不上不下、不左不右、不深不浅，咫尺之穴的，由粗入细，至精至微，呜呼！何其难也！○穴场何以言悟也？小地一躺一舩，虽不学可知。大地隐拙，非俗眼所能察识。惟天姿超，学力到，人所不见者，彼独有会心，故曰悟也。然尤以天姿为主，世有毕生地理，坐谈了了，登山茫然；凡所经营，令人齿冷，此无他，天资不高、悟性不捷故也。刘舍人论作文之道，谓姜桂同地，辛在本性；文章由学，能在天资；业地术者，亦由是矣。穴何以言情，穴情何以言审也？斯道惟点穴最难，古仙师每三扦始得，况后学乎？必尽删草木，于日斜时，侧面俯视，审来脉于何处滴断，脉尽处毬簷，微砂微水必具，然后于阴阳交媾中，据而穴之，斯得其情矣。但历世久，先天琢丧，外晕无存，惟以打开内晕为据；一凿不中，必至再三；再三不中，则满山皆土，而方寸乱矣。复筑塞前井，一二年后，山光如旧，再行探之，得而后止。古人一年寻龙，十年定穴，彼谓一点即得者赝也。

众证悉备，凿凿可凭；诸理齐来，条条是道。

凡穴既定，则穴星证穴，应星证穴，毡唇证穴，龙虎证穴，朝案山证穴，夹耳砂证穴，以及三阳、四灵、十道、水城、水口，无一非证穴者。山穴之所以确凿可凭，自智者观之，如指诸掌，非游移不可捉摸之物也。凡穴既定，则地理毕会，前哲所著之书，所言之理，若为我今日而设，任举一条，无不吻合一地也。有前言数十百条以证之，几于悉数之不能终，其物结作愈大，举理愈多，若小地则一望之间，数端便了，无多地理之足言矣。

光华韬敛者最贵，定是奇形。精神显露者不祥，多为伪宅。

《雪心赋》："何精神显露者反不祥？何形势隐拙者反为吉？盖隐拙者定有奇踪异迹，显露者多是假穴花形。"

为乳为突，赝结者常多。有虎有龙，误扦者不少。

《巧拙赋》："若还只看好头面，假穴常常真乳现。"《点穴篇》："整整齐齐，分龙分虎者常假。浑浑噩噩，葬情葬意者常真。"

何以辨彼假穴，必无真朝。何以决为花形，必无正案。

《疑龙经》："若是虚花无朝应"，又曰："识得真龙穴始真，真形定是有真案"，又曰："凡辨真假易分判，若是假穴无真案"，又曰："案山必然向里是，花穴无容有面势。朝山只有顶尖圆，定有脚手丑形随"。《囊金》："若有龙穴，而无特秀之案，乃是鬼龙虚结，纵有真穴，亦减福力。"

前拱虽秀，再看后缠；后缠无情，勿贪前拱。

前无真朝正案，固为花假；如朝案既拱且秀，又须再看背后缠山。若背后缠龙反背而不抱，则仍是花假，毋贪前山有情，而误以为穴也。《疑龙经》："面前山水似可爱，背后缠龙皆反背。君如就此问疑龙，此是歇龙迎送队。"○再凡看缠山，必重重回抱有情，结作始确。若只一重回抱，其外即反背而去，此一重回抱，非为结穴而设，乃枝叶之交互耳，此又证花假之一法也。《疑龙经》："护缠尚要观叠数，一叠回来龙身顾。莫便将为真实看，此是护龙叶交互。三重五重抱回来，此就枝龙身上做。"

脚如扯拽，虽尊而非穴山。星如蠢蛮，虽贴而非穴体。个中

162

腾漏，是必有风。坐下软低，是必无气。

　　左空右缺，前旷后跌，地中生气，为风所荡散。垄之沉气，升腾于上，支之浮气，漏泄于下，故曰腾漏。《青乌经》："腾漏之穴，翻棺败椁。"○按：《风水口义》一书，大概言水去则风来，水来则风去。如水左去，龙低短，而虎高长过宫，左边风吹，右胁障风，吹棺翻左，先败幼房，是水左去，风从左来也。水右去，虎低短，而龙高长过官，右边风吹，左胁障风，吹棺翻右，先败长房，是水右去，风从右来也。水当面倾播如去，必主倒尸，先败中房，是水前去，风从前来也。又曰："置烛穴中试之，去水地，火必动而易灭；来水地，火不动而难尽。"大抵皆言地风。地风之说，他书未及，附此以备一说。

　　山谷则风激而有力，故透乎地中。平洋则风散而不收，故行于土上。

　　山谷风为山激，其风有力，故射入地中，所谓"若居山谷，最怕凹风"是也。平洋旷荡不收风，虽大而不激，只行于地上，所谓"平洋不论风"是也。如人行旷野，风不为害；处一室而为隙风所射，则病矣。

　　所以阳风无畏，煞气遇之转舒；阴风可忧，龙神当之即死。

　　叶九升《辨龙歌》："《经》言乘风气则散，讵知此言多不验。余前步过诸大龙，尝见峡上多受风。更有大龙毫无护，独露一脊去当风。又会见诸大结地，竟有空缺无障蔽。如何此龙与此穴，反无凶灾多发达。此个疑关不易破，请将经旨为我别。能散生气是阴风，凹射直急故为凶。安阔无蔽是阳气，阳风吹荡不为忌。江海之滨诸太空，长风荡穴何曾避。龙过长峡通阳风，阳风最能舒煞气。龙不通风则太郁，如室尽将门窗闭。门窗一开风透来，此人岂即受风灾。故此凡龙大过处，一边紧闭一边开。或有客山断一凹，此凹之中风射入。阴风射入最为害，群砂退缩不能敌。看风第一辨阴阳，阴则为凶阳不妨。若执风来散生气，空劳白首诵经文。"○按：大龙高厚，行于空旷之中，而跌断处又露石骨，则不畏风吹。若平洋过细处，两边旷然无护，风吹气散，必不成地。地理之所以不可执一论也。

　　嫩枝不宜带石，其在干上也何伤。大石不宜出头，其伏土中也何损。

《黑囊经》："龙怕后头带石。"《泄天机》："受煞脉带石来。"《撼龙经》："廉贞恶石众所畏，不晓真阳火里精。"吴氏曰："石为山骨欲其藏，切忌粗雄与恶昂。"

焦坛烟黑，为石之凶。温润鲜明，为石之吉。土山无力，有石则强。石山可扦，得土为上。

《撼龙经》："凡是星峰皆有石，若是土田全无力。"

求土于石之尽，虽土奚为？获土于石之中，其土斯贵。

凡石山土穴，不可于石尽处求土，盖石尽为气绝之所，其土非穴土也，必于石中获土，为真气所聚，斯无价矣。此扦石山之最要诀也。○按：石山土穴，其土乃精气结成，非石缝中无气之土也，此又不可不知。

山脚亦有结作，以跌断为真。水口亦有倖藏，以翻身为贵。龙生数子，其貌略同。龙朝他人，其福斯薄。

《疑龙经》："或如人形必数穴，禽兽之形必同列。凡为穴形必两三，盖缘气类总如一。"又曰："问君如何分贵贱，真龙不肯为朝见。凡有星峰去作朝，此龙骨里福潜消。譬如吏兵与臣仆，终朝跪起庭前伏。那有精神自立身，时师只说同关局。朝迎护送岂无穴，轻重多与贵龙别。"

龙行初落，其枝也为初结而生。龙行再成，其脚也为再结而设。观枝脚端必有故，识造物初非无心。

凡真龙气旺，一龙必有数穴。如初结一穴，其上下枝脚俱卫初结之穴，于中结之穴无情。如再结一穴，其上下枝脚俱卫再结之穴，于尽结之穴无情，下手枝脚，必弯环抱土，未可概以为逆，而弃中结、尽结之穴也。余足之所到，目之所睹，莫不皆然，愈知造物之非无心矣。

两水夹龙而来，龙气斯固。四山绕堂而立，堂气斯完。

《寻龙经》："第一看龙法，全凭两水夹。"《太华经》："送龙之水左右夹，真气不散出英雄。夹到龙头尽处是，龙尽水尽是真龙。"然其穴必不在当中，又当与《风水口义》之说参观，斯得之矣。

单提何以皆真，为有聚气。先弓何以皆贵，为有掬砂。

《缘督锁诀》："十个单提九个真，十个先弓九个贵。"盖单提如人之以手提物，气必中聚。故真先弓或龙或虎，绕抱过宫作案，一砂掬拦在前，收敛内气，故贵。○先弓一作仙宫。

上聚则生气在山，故收山而不收水。下聚则生气在水，故收水而不收山。

上聚之地，以峰峦之秀丽为生气，所谓收山而不收水。下聚之地，以水神之积聚为生气，所谓收水而不收山。

大地无形，观其气概。小地无势，览其精神。

《葬书》云："千尺为势，百尺为形"，势以言其远也，形以言其近也。大地规模宏远，气象阔大，惟于大处检点，始知穴之所在；非一山一水有情，精神显露，一望可知者，故《铁弹子》曰："大地无形看气概"。小地生于缠护朝迎枝脚之间，来龙大局皆无足取，惟结穴处，一砂一水，弯抱有情，有情便有精神，有精神便有生气，亦可取用，故《铁弹子》曰："小地无势看精神"。

天真尚完，则相其脉晕。本形既失，则审其性情。

凡山之横结者多无穴晕，其余必有天生之晕，边高边低，边明边暗，太显露者亦无取也。凡山之失本形者，或为牛羊践踏，或开垦田地，或为住基，或为前人误扦，其旁围墙拜坛，不无晦蚀，则惟有审其性情所止而扦之，《葬书》所谓"审其所废"是也。○一说：失本形者，当锄而开之，验土色之吉，以定穴之所在。

薙草木以发天光，封土石以尽人事。

《青乌经》："葬不斩草，是为盗葬。"《拨砂经》："土封当厚，石砌当重。"

土当削者削，当培者培，借后天以补先天。池当开者开，当筑者筑，借外气以助内气。

《雪心赋》："土有余，当辟则辟。山不足，当培则培。"范氏曰："地有缺陷，可填则填之。有赘疣，可去则去之。如人之有疾，可医则医之。谓之报恩之地，子孙获福。"《拨砂经》："穴前兜金，池不可缓。聚元辰之水，使之不泄，不泄则反本矣。以我养我之道，外足以助内，则山气不衰，生气自全。"又曰："高山穴前，横客土为池，以收元辰之水，及天泽之注。平洋穴前，凿本土为池，以收外来之水，及天泽之流，道之徐徐袭入，亦培养之一助。"又曰："开堂不若筑堂，收水不若蓄水，折沟不若开沟。"

纯阳无聚，堆成乳凸之形。纯阴不开，凿作窝钳之状。一水可畏，有开沟改道之方。一砂可嫌，有喝形控制之法。

龙真穴的，偶有一砂可嫌，则喝形可以制之。如旗山本忌当前，若作将军大坐，或真武作法，则为我所用，不足忌矣。如卜氏所谓"尖枪本凶器，遇武士以为奇；浮尸固不详，逢群鸦而反吉"，亦是道也。又：廖金精下明溪许氏祖地，在乐平陈家源者，穴前有断头山，有牢狱山，廖知不为害。既下，有蛮师者往观之，蛮师曰："断头山现。"金精曰："我斩他人头。"蛮师曰："牢狱山现。"金精曰："赦文水朝。"后许氏出贵位藩臬，主刑戮，而有我斩他人头之应，此喝形控制之善者也。

于其欠缺，知天事之奇。于其裁成，见人功之巧。

惟有欠缺，乃见造物之隐真机，以待人事，蔡西山所谓"欠缺不齐，天地之奇"是也。惟可裁成，乃见人功之巧，参乎造化，郭参军所谓"夺天命，改神工"是也。

龙如已死，虽培补其何裨。地尚可医，必伤凿之未甚。

凡山为人凿掘，土石深入数尺，或长丈余，而正当穴脉，则其龙已死，虽加培补，亦属无益。若小可掘伤，不当穴脉，未至已甚，则急以客土补之，如《发挥》所谓"以医地法救之"是也。

向金者富兆，向木者贵征。金成罡形，富而不吉。木似燥体，贵而多灾。

金曰储钱，又为仓山，故主富。木为笔砂，又为贵人，故主贵。

南向为上，而东次之，取风煖风和之别。西向可裁，而北下矣，权气肃气冷之分。

凡穴向南，则受南风，其风煖，故为上。向东则受东风，其风和，故次之。向西则受西风，其气肃，犹可用也。向北则受北风，其气寒，吹散生气，斯为下矣。《捉脉赋》所谓"南枝向煖北枝寒"是也。然向北而有高案遮拦者不忌，在平洋风行地上，虽向北亦不忌。○附《达僧问答》：坎为广莫风，艮为条风，震为明庶风，巽为清明风，离为景风，坤为凉风，兑为阊阖风，乾为不周风。惟东南风不散生气，方向值此者，不畏高巅空旷。西北最要周遮，艮近于坎，紧闭尤佳。所谓"三门永开，五户常闭"是也。○按：此所谓中"三门五户"，与水口所谓"三门五户"不同。

龙从左来长先兴，龙从右来幼先发。

《胎腹经》："脉从右落而倚乎右，庶子起家。脉从左落而倚乎左，嫡长起家。若从中落，多发中子。"

一节美则一代受廕，两节美则两世发祥。

《阴契阳符》："穴后一节管亡人之子，二节管孙，每一节一代，纯则为福，驳则为祸。山推退运，水察流行。"《入式歌》："高大星辰管一代，余福犹未艾。若还龙格小而低，一代便衰微。要识吉凶何代发，逐节从头踏。凶龙在后一同推，世代总能知。"《地理源本》："自穴而言，一节星辰管一代。倘后龙五六节，星辰异样尊重，则知五六代必出显达之人。又如穴坐亥山，本山属水，其后龙五六节俱是庚酉辛，则金能生水，其家五六代必发福。若七八节龙转丙丁火地，则水遇火乡，金亦受克，难保无虞。"○到头第二节为龙格。

双脑成胎，有双举之应。三台出脉，为三公之征。

两金夹水，合以成形，而真气从凹中垂下，结成乳突之穴，谓之阴阳相配，真吉穴也。两脑相等，主兄弟同科，并双妻双生双喜之应。若头高头低，为扳鞍天财格，主父子或叔姪同科，盖脑有高低故也。三台出脉者，乃三星相连并列，中一星微高，从中星出脉而结穴也，主一举三人。若节节后龙及砂水皆合贵格，主三元，位至三公。《金函赋》："三台应金马玉堂之宿。"《玉髓经》："三台出龙三公位，华盖出龙并高贵。"《搜山记》："三台紫气后生来，鼎鼐佐京台。"○按：三台有数体，三金相连并列者曰宝盖，三土并列曰冠盖，三木并列曰华盖。如三星中有一星不匀，谓之折角三台。不相连并列，而列若品字形者，谓之品字三台，如三星一样，以次直来，谓之孟、仲、季三台，亦曰直三台。○按：华盖三台，与前开帐之华盖不同，开帐之华盖乃金水也。

宝盖三台　　　　冠盖三台　　　　华盖三台

折角三台　　　　品字三台　　　　孟仲季三台

　　天穴挹山之光，故以贵断。地穴食水之气，故曰富推。

　　天穴高挹诸山之清光，故主贵。地穴下食众水之旺气，故主富。《至宝经》："天穴出贵，地穴出富。"又《寻龙记》云："人穴却居天穴下，富贵为官也。地穴更低人些些，只出富豪家。地穴号为泥水穴，为官亦卑劣。"

　　小枝短而局完，起家最速。大干强而杀重，受福不终。

　　《人子须知》："有等小枝龙，即枝中之枝也。其大龙行去尚远，而于行龙身上，或大龙峡边，分落一枝，远者三五里，近者十数节，或星体合龙格，有起伏，有夹送，龙虎应案，堂气水城，下关门户，皆合法度，穴情真确，虽来龙甚短，富贵不大，然发越极快，所谓寅葬卯发，惟此为然矣。"又曰："有等干龙，禀气凶恶而不清，本身带煞而可畏，虽经脱卸，不改粗顽；虽有剥换，愈见雄悍，却亦开帐穿心，分牙布爪，诸般贵格备具，亦有融结。但大福大祸，往往相半。或贵如淮阴而卒夷其族，或富如季伦而不善其后。其最凶者或如王莽之篡位，或如赵高之擅权，或为割据偏方之伪主，或为草寇大奸之头目，虽富贵烜赫，而不得其正，不令其终，遗臭无穷，君子不取也。"

　　活龙活蛇，虽贵而荡。蛮金蛮土，虽富而村。土慈而少威，虽误扦不致害；火烈而带焰，苟误穴则俱焚。

　　万物生于土，土为大母，凡葬土者，虽不得穴，亦无大凶。但恐似土非土，火性烈而焰动，非大开水窝，及得水济之，断不可穴。苟误穴，则阖家俱焚矣，可畏也。

龙独穴寒，则缁流守寂。龙孤格贵，则异术邀荣。

《坤鉴歌》："陇脉低孤只一峰，若无开帐号孤龙。此龙只合为僧寺，学道参禅一老翁。"吴氏曰："龙无展帐只孤单，秀入云霄也是闲。若更去为孤露穴，参禅访道坐寒山。"《入式歌》："若还格好只孤寒，僧道做高官。"○按：龙格贵而孤行，亦必有穴有局，始主异术受主知，邀荣宠。

龙体弱而砂精，则外家获福。龙格高而砂贱，则仕路无名。

《入式歌》："龙如上格砂如下，虽贵无声价。后龙如弱好前砂，只廕外甥家。"

石骨之山，生人沉厚。沙骨之地，生人庸愚。

《玉峰宝传》："山有石骨，有沙骨。石骨之山，气脉完固，不肯发泄，浑浑沌沌，不生草木，非童也。此龙若带星辰，结为土穴，出人必浑厚沉密。沙骨之山，气脉枯渴，坚不为石，疏不为土，故散为沙梁，或黑或白，如人无血无肉，所以不生草木，此龙不带星辰，出人庸愚难驯。"

山体清奇，生人质秀。山体粗蠢，生人形媸。

附《锦囊经》："湿下之地，人多重浊。高亢之地，人多狂燥。散乱之地，人多游荡。尖恶之地，人多杀伤。顽浊之地，人多执拗。平夷之地，人多忠信。"

苟其乡而揖让好文，必四山之妩媚。苟其乡而凶险好斗，必四山之恶顽。水口若逢赦文，知一方之免凶祸。穴前如见诰轴，知奕世之沐褒封。

赦文星者，颇带土体，而角垂微圆，与御屏方角骨立者有别。以平正清秀，不破碎为吉。水口见此，主一方永无凶祸。诰轴注详前。龙穴既贵，又见此砂，主膺帝命，褒封荣宠。○更有土星离大山而下，有若飞之势，谓之飞诏，主特召。

秀砂起于何方，命合则贵。劫水落于何位，年应则灾。

如子上有尖峰，主子生人贵；午上有仓库山，主午生人富。他仿此。《泄天机》："砂形看在何方位，命合人富贵。假若子午卯酉方，此命最难当。太岁同年为福应，发达断然定。更将龙格共推详，灵验果非常。"劫水者，凶水也。年应者，或合或冲也。申子辰、寅午戌、亥卯未、巳酉丑，谓之三合。子午卯酉四正，寅申巳亥、辰戌丑未四隅，谓之四冲。如午上有凶水，主寅午戌年及子午年冲，有凶。余以类推。或前有凶砂，亦同此断。《雪心赋》："劫害出于何方，则取三合四冲之年应。"○前有凶砂凶水在何方位，命合者亦凶。

局势宽者其发迟，局势紧者其发速。

凡局势宽者，气象宏大，其发稍迟；局势紧者，风藏气聚，其发最速，然究以宽展者为贵。宽展必是大龙大局，发虽稍迟，最是长远。《雪心赋》："紧拱者富不旋踵，宽平者福必悠深。"

水为祸福其效速，山有吉凶其效迟。

《雪心赋》："水之祸福立见，山之应验稍迟。"盖水动物，故应速；山静物，故应迟也。然赋又云："山有恶形，当面来朝者祸速。水如急势，登穴不见者祸迟。"又当参看。

荫枯骨于秋冬二季之间，福生人于窆穸一纪之后。气因时化，人以地灵。

《六经注》："阳气之升，始于子而极于巳，根于水而发见于火，为地上之生气；阴气之降，始于午而极于亥，根于火而盛大于水，为地内之生气。故万物之生长在春夏，而枯骨之得廕在秋冬。阳气盛于巳，阴气盛于亥也。"《拨砂经》："地之获福，亦必在于十二年之后。谓寅葬卯发，亦只旺财耳。"《地学》："十二年后运气入骨，化气合山，则气满而土干，棺香而骨紫，生气如雾。"

由是而推，断然不爽。大抵五素之地，犹可消详；三劫之场，尚堪取用。

五弃者，童、断、石、过、独也。童山阳气未足，不能成生物之功，故不可葬。若皮浮而里坚，则阳气渐润，去皮而循里可也。断山脉断，故不可葬。若高山皮肉厚，气藏于内，断未过甚，犹可裁取；或系石山，断则煞净，反以断为贵也。石山煞重，且隔断生气，故不可葬。若石质温润，而有土穴，吉莫大焉。过山去龙无穴，若横龙腰落，及斩关之类，又为吉葬也。独山孤露，不可葬。然有一等支龙，不生手足，一起一伏，金水行度，跌落平洋，两边俱借外卫，及其止也，雌雄交度，大江拱朝，或横拦外阳，远接在乎缥缈之间，纵有阴砂，仅高尺许，又不可以孤露而弃之也。三劫者，天劫、地劫、人劫也。天劫者，本龙又去结穴也。地劫者，穴下元武吐长嘴也。人劫者，穴前明堂旷荡也。地劫曰漏胎，天劫则泄穴之阴气，人劫则泄穴之阳气，以其皆能劫泄穴中之生气，故曰三劫。若天劫回头顾穴，地劫前有水拦，人劫朝山有情，则反不为凶而为吉矣。《疑龙经》："问君天劫如何说？天劫又去作他穴。已去又复分脚转，拦住面前看优劣。水去五六里行回，悠悠扬扬去转来。水要行回山要转，便知天劫不为灾。地劫穴下原有嘴，元武扛尸正谓此。退田笔动土牛走，其实元武长而已。虽长山水若横拦，地劫翻然增福祉。人劫当从向上求，面前空阔要远朝。隻隻朝来或横抱，信知人劫不为妖。"

惟三带者勿犯，惟四顺者勿扦。

三带者，龙带煞、砂带煞、水带煞也。四顺者，龙顺、星顺、脉顺、砂顺也。按《道法双谭》云："凡地不逆则不结，逆则山迴水转。阴阳交而穴始成，逆愈远则力愈重。龙逆为上，星逆次之，脉逆砂逆又次之。龙逆者，非来龙逆水而上也，乃大势回顾、大曲大转是也。星逆者，来势雄勇，不能遽回，腰落一峰，横来逆水，犹子午来龙而为卯酉之穴是也。脉逆者，龙星俱顺，脉与来势相逆，如直来横受、横来直受是也。砂逆者，如左来右转、右来左转是也。若四者俱顺，则阴阳不交，断不成穴。"

察所当求，审所当弃。必水深而土厚，须草天而木乔。

《青乌经》："草木郁茂，吉气相随。"

入其境而四山红崩，地已败而奚恋？登其场而百木黄落，气已退而何求？是古杀人之场，无复吉理；是惯溺人之水，总属凶机。

凡古战场，不可求穴，斩刈生灵，无复吉理也。凡水惯没人者，亦不可于此求穴，积冤流怨，都是凶机也。

地卤泉枯，慎毋妄作。水汙泥沃，切勿轻裁。

《管氏指蒙》："泉脉枯竭兮，非立身之所。沙卤淋沥兮，非钟气之场。"《锦囊经》："泥沃水积，气之所离。"《雪心赋》："所恶者泥水地边寻穴，盖穴贵爽垲，泥水之乡必无气，不可妄于此下穴，所谓天沉穴、影穴、没泥龟，必龙真穴的方可，少误则速败矣。"

墓宅休囚之乡，断然吉少。风水悲愁之处，自是凶多。

墓宅休囚，气运衰败，纵有真穴，亦不发福。盖地之气运，有盛有衰，当其盛时，虽小穴亦能致福；当其衰败，虽吉地亦不发越。故有昔为富贵繁华之地，今为草莽荆棘之场，非陵谷变迁，气运为之耳，相地者亦所当知也。风水悲愁者，山粗雄而不媚，木峻急而有声，风交吹如号如泣，或湖泊之间，渺茫之阪，风水悲愁，多为战门之场，不可相也。

大水近边，多是荒凉洲渚。大龙尽处，每为冷落乡村。

《拨砂经》："龙尽之地，力终气尽，每为冷落乡村。"盖天地开辟，荡漾成形，欲尽之处，皆泥水相将，土虽继山，尾而成形，实皆虚济而无脉，故坚凝者为尚。

众水散而斜飞，何烦驻足？四山粗而壁立，不须凝眸。

《黄囊经》："一水去，二水去，众水奔流一齐去。山山随水不回头，失井离乡无救助。"

或为古怪仙宫，或为幽奇岩洞；或为废窖毁井，或为社宇神坛。

《寻龙经》："社庙莫寻龙，葬后必然凶。"《黑囊经》："神坛庙后莫安坟，久后少儿孙。"《雪心赋》："所戒者神前佛后。"○按神前佛后不可葬者，以幽阴相触，钟鼓相惊，故不可犯。然果龙气大旺，各有结作，则不可太泥而弃真穴，《指南》所谓"寺观灵坛山秀异，别生形穴在裁量"是也。

死硬者谓之荒冈，撩乱者谓之杂垅。太低者谓之灭没，无脉者谓之空亡。

地太低薄，全无旺气，谓之灭没。龙地无来脉，被水流断，又不可以何星名之，谓之空亡龙。

全石则骨枯，纯沙则气死。

有等全石无土，如骨生强，乃童涸无气之龙，张子微谓之枯骨龙，主贫乏绝嗣。若前后有土山，星辰合格，而中间偶有此脉，虽全石亦吉，不可以枯骨论也。有等山体皆浮沙，一望黄白，踏之不胜步，种之不生物，此无气之龙，张子微谓之"流沙龙"，不可复用。若土山成蜈蚣节，或芍药枝等龙，而山有之，中积成沙堤，张子微谓之"沙堤龙"，主大拜，又不可以流沙论也。

孤辰寡宿，香火有灵。独阜单墩，人烟不续。朱砂矿石，发泄山灵。醴井汤泉，逆露地气。凡如此类，抑又何成？他如茜藤绕棺，必至灵之地；木根入穴，必无气之场。

《胎腹经》："紫茜绕棺，子孙富贵。泥水满棺，子孙陵替。"《地理小卷》："若脱了气脉，穴内有木根，主蚁，主败绝。"

山大水小而非龙，必有蚁患。山小水大而非穴，必有泉忧。穴砂石者泉生，穴顽硬者蚁集。乘煞气者蚁集，乘虚窜者泉生。四围有草而塚独无，则蚁必盈椁。四围无苔而塚独有，则泉必满棺。凡是震撼之声，畏闻于穴上；凡是蔽障之物，忌见于坟前。

《雪心赋》："危楼寺观，忌闻钟鼓之声。古木坛场，惊见雷霆之击。"盖恐其惊动龙神，家招横祸也。然不但此也，凡油榨水碓声之震撼者，皆所忌闻；所谓蔽障之物者，如屋宇墙垣、牌坊大树之类皆是。有此则窒塞胸襟，遮蔽朝应，主凶。

固说之当详，亦义所必备。

闲　谈

天地之郭皆气，龙穴乃二气之为。祖父之骸乘生，子孙有相生之理。盖枯骨受阴阳之媾，斯遗体钟山川之灵。

盈天地间皆气也，龙穴乃阴阳二气之所为也。祖父与子孙本一气也，祖父之体，得乘阴阳之生气，则一气相生，而子孙受其廕矣，《葬经》所谓"气感而应，鬼福及人；铜山西崩，灵钟东应；木华于春，粟芽于室"是也。

惟一脉之贯通，故越国者亦炽。惟一心之感召，故过房者亦昌。

惟祖父与子孙一脉贯通，所以虽迁流至他所，亦大发福，如明之中山王、黔宁王，祖坟在江西而发于江北是也。又如过房之子，其所继之父母亦荫之，及前母亦荫后母子，后母亦荫前母儿，僧道亦荫其徒弟，总由为子为徒者，一心眷恋，孝思不匮，故感召如此。若如《疑龙经》所谓"随香火降福"之说则诞矣。

地方大者，公侯之乡，故将相成于西北。水势旺者，金钱之窟，故财赋优于东南。正体每生忠良，而禀气独厚；变体多出奸猾，而发祉亦同。盛极而衰，则奸雄之穴出；乱极而治，则明良之地呈。大地多在平洋，盖缘水秀；人材少出山谷，总由气粗。或一里而获数扦，谓之地杰；或数程不待一穴，谓之天荒。或得地而葬法不工，善缘未凑；或多坟而正穴犹在，福果常留。

《疑龙经》："凡入乡村看山住，龙势回环非虚做。中有林木是人坟，莫便休心懒回顾。往往正穴常在中，前人心眼未曾睹。此或留与后人传，缘分未周犹隔绝。此处名为活地神，鼠抱金钱不能唒。"

非其地则人不兴，非其人则地不出。非有儒术，不能心栖于微；非具慧根，不能目会其妙。非有穷源之学，勿自用其愚；非有观大之明，勿自神其术。臆度者召祸，妄营者生灾。

《锦囊经》："道眼为上，法眼次之。揣摩暗度，灾祸必随。"○世间万事皆有确据，有公评，惟地理渺茫，既无确据，人亦是非莫辨，绝无公评。当其私意所造，人人自以为握灵蛇之珠，家家自以为剖荆山之璞，不知山灵窃笑，早已门外置之矣；及至妄作灾生，犹云先凶后吉，一何愚哉！

粗识者不真，浅尝者不入。

沈六圃云："他事知一分算一分，知五六分，即能中智以上；独此事知之必真，不容半上落下。"此当附录于此，以为粗识妄营者戒。

庸师无说，但说有传；俗子何知，惟知看土。

庸师无格物致知之学，遇知者则嘿索低头，不敢吐一语，惟曰"吾有秘传，非故纸中所有"，究竟非真有秘诀，不过以此诳人取利而已。叶九升云："天下之道，除妖术之外，无一事有秘传者。作圣作贤，成仙成佛，皆无秘诀，何独于地理而有秘诀乎？夫多读精思，尚不能得；何有于一诀，吾不信矣。俗人之识地理为何物，只看土色，土有色则曰有地，土无色则曰无地。岂知古仙多不论土，前言相土，亦是为俗人言也。"廖氏曰："尝见地吉而土色不美者，葬之发福；土色好而地不结者，葬之凶。"○俗人见土，则反覆视之，审其色也；以掌颠之，试其重也；以指撚之，验其腻也；以舌舐之，尝其甘也。甚至大嚼之，口流红沫曰甜，大呼曰有地，作如此举动，便见其胸中毫无墨水。

井蛙但取生臂，见缩爪者则心疑。瓮鸡惟看起头，遇平面者则目瞀。

《疑龙经》："君如识穴不失怪，只爱左在抱者强。此与俗人无以异，多是葬在虚花里。"《撼龙经》："如此之人岂可言，有穴在坪原自失。只来山上觅龙虎，又要圆头始云吉。"

止其上而乡人曰有，虽有亦微；止其上而时师曰无，其无勿信。盖小穴则显而易见，虽五尺之智可知；大地则隐而难窥，岂一隙之光能照。吉地乃天地所秘，贵穴为鬼神所司。

《入式歌》："吉地从来待吉人，护持有鬼神。"

苟言人人知，则天地无主。如求地地得，则鬼神无权。

温监簿《巧拙穴赋》："天机好处从来秘，不教俗眼识其奇。"

故植德为获地之根，而穷经为相地之本。父母躯壳，岂可付之蚩蚩之人？山川性情，切勿或于悠悠之口。多观已效之成格，独证有旨之陈言。

《雪心赋》："但观富贵之祖坟，必得山川之正气。"又曰："追寻仙迹，看格犹胜看书。"《疑龙经》："劝君且去覆旧坟，胜读千卷撼龙文。"又曰："看格多时心易晓，见多胜耳千回闻。"

必了然几座之间，斯洞然山水之际。

《地学》：固贵多观成格，然必格物穷理，工夫先做到十分，使几座之上，瞭然若见；然后山川之性情，自不能掩，而成格之高下醇疵，如指诸掌矣。若未尝学问，或略识其义，而不能彻底贯通，徒使脚力多走山观格，此与俗人之旅而挂扫者何异？便张口说梦，曰："吾识地理也。"噫！

可哂哉！

上智寻龙于脊上，先观出脉何如；粗工缉穴于脚间，只看落首奚似。

《寻龙记》："要识寻龙至妙法，最高峰顶踏。"

循龙脊以求止，则大物可窥；循山脚以察踪，而小康亦得。

凡寻穴，必裹粮摄履，问祖寻宗，节节步龙，看其何者是帐，何者是缠；山何处分，水何处合；何者是穴场，何者是余气，则真龙正穴可得。若但于山脚上寻之，则所得者亦小康之穴而已，非大物也。《疑龙经》："谁人行尽大龙脊，山正好时无脚力。裹费不惜力不穷，其家世代腰金紫。"○按黄妙应云："得穴步龙，得者十八。步龙得穴，得者十一。"又廖氏云："人言有龙必有穴，我言有穴定有龙。"故上士得穴而勘龙，神明于法之外也。中土步龙以寻穴，持循于法之中也。大抵步龙迹穴，固足以获大地而得穴，寻龙尤为捷径。○又沈六圃云："正法寻龙乃求穴，因局求穴法亦捷。"凡有局必有穴，得局迹穴，亦一道也。

大地或百里，或数十里，费造物安排之功；小地仅一钩，仅二二钩，乏真宰结构之妙。结怪穴者十之八九，结常穴者十之二三，固造化之隐真机。葬怪穴者十之二三，葬常穴者十之八九，亦今古之少高术。所以常穴之留者恒少，怪穴之留者恒多；窝钳之留者犹多，乳突之留者最少。

窝钳之穴，俗眼皆以为折水，故多留者。

怪穴侥险可畏，择为必精；常穴安稳无虞，扦之稍易。

陈灵泉曰："地出生成穴易捉，不须师管郭。地逢怪异穴难扦，还要遇神仙。"

绝坟可悯，有救坟则无虞。小穴易求，合众穴则亦大。

《四神口诀》："贵显大地在天不可求，小地处处有之，无求不得。"《疑龙经》："是真不必问大小，积小成大最为妙。是者一坟非者多，纵有大地力分了。"又曰："大地难得小易求，积累不已成山邱。众坟合力却成大，人说小地生公侯。"

吉葬不吉，由占凶地之已多；凶葬不凶，必乘吉气之特胜。

吉葬不获福者，非吉地之不验也，必其家占凶地多，凶气胜，故吉不能敌也。凶葬不见祸者，非凶地之不验也，必其家占吉地多，吉气胜，故凶不能敌也。

穴凶龙吉，后世其昌；穴吉龙凶，初年亦利。

《金钢钻》："龙凶穴吉，无情而有情也，虽福不久。龙吉穴凶，有情而无情也，虽凶必福。"

财多人少，当求藏风之场；财少人多，宜扦得水之地。

《拨砂经》："藏风得气则人蕃，特水入怀则财旺。"《四神口诀》："有人无财，须寻仓库之龙。有财无人，莫下孤寒之穴。"《曾氏秘诀》："凡结穴低藏，两砂收水紧固，是穴得局内真水，得水旺财，必然发福甚速。若结穴太高，内堂不聚，多贵少富。"○又：凡穴前毡唇厚者，由余气大盛，亦主旺人丁；若无余气，系龙气薄弱，决少人丁；若毡唇凿伤，主损人丁。

后乱前治，必始发而终衰。左足右亏，必长兴而幼败。

凡龙行，山势撩乱，南枝北枝，斜飞反窜，与龙身无情，不相顾护，临到穴后几节，行度却好，砂水亦佳，初年亦能发达；行到后龙，分枝劈脉处，必主退败。若又获救地，则可保矣。

故龙左不足，再求左胜之龙；穴右有亏，另卜右优之穴。

凡龙穴左不足则损长房，必再求左胜以补之；右不足则损幼房，必另寻右优者以救之，则房分不致偏枯，而公位之说可勿拘矣。《疑龙经》："岂可一穴分公位，必取众坟参互议。"

认地不恕，则地蔽于人；察地不详，则人蔽于地。地理每多变格，而一途之说勿拘；造物初无全功，而小节之疵可略。

《锦囊经》："执而不通，乃术之穷。通而不变，乃术之诞。变而不法，乃术之杂。"《玉髓经》："若还执一去寻龙，行遍江湖无一地。"《雪心赋》："山川有小节之疵，不减真龙之厚福。"

千态万状，不可端倪。活法圆机，惟在浑化。

《雪心赋》："贵通活法，莫泥陈言。"

真落必带假穴，所以使人疑；真结必出丑形，所以使人恶。

《疑龙经》："大抵真龙临落穴，先为虚穴贴身随。"又曰："大抵诸山来此聚，诸水流来住此处。定有真龙此间作，只恐不知龙住处。住处多为丑恶形，世俗庸师心里惧。"○凡真落必带假穴，必出恶形者，何也？天地瞒人，总在穴际，苟不如此，则人皆物色之矣。故龙大奇则穴大丑，龙小奇则穴小丑，虽古仙师哲匠，不能遍察而尽识，岂村师俗子所能窥其崖际乎？宜其疑恶窃笑，见之辄走也。

用之者不竭，虽百劫犹存；学之者无穷，虽毕生莫殚。

凡穴乃天地所秘，留为不尽之藏，以待有德，虽累百劫，用之不竭。凡地理之学，无有穷期，愈学愈知不足，虽殚毕生之智，不能尽其术。董德彰曰："且做且学，愈学愈难。做到老，学到老。"非个中人，不能作此语。○凡学问之道，大抵以所学为所见，学到恁地，便见到恁地；深者见深，浅者见浅也。俗士粗能识字，才读《雪心赋》、《泄天机》诸书数过，便自信曰：吾既得之。遇人则将几句头巾语，东支西吾，哆口无忌，此特虫吟瓮里，蛙鸣井中，自以为天下之观止此矣；不复知有天之高，地之广也。独不思地理乃乾坤窍会，川岳灵光，天地秘藏，鬼神呵护，岂容如是之易知乎？沈六圃有言："神仙眼力圣贤心，自揣身中有几分。"彼轻言地理者妄也。

记诵须博，不博则无以应其来。经历须多，不多则无以老其识。

地之理无穷，著书者此具彼遗，各凭所见，必博览诸书，多蓄义理，始足以应目之所接。若略观数种，不能遍读而尽识之，则所学者不遇，所遇者又未尝学，其所不知，精神不动，且悠忽弃之矣。然读书虽多，义理虽熟，必多走山，多观格，多临窀穸，乃足以证其所知，而识见愈加坚老。不然，虽聪明多识，终是屋里先生，恐不能略无差移也。

有法者可及，但肆人工。无法者难几，须凭道术。

但有文字法度可学，有成格可拟者，苟明悟之士，煅岁炼年，孜孜求之，犹可几及。若奇奇变变，无文字可稽，非成法可拟，必神仙方能辨此，非学力之所能就也。

道能造极，必受嗤于当时；人可证仙，只见推于后代。

凡地术果高，所扦必刺俗眼，当时每非笑之。古仙师所为，多招谤毁，直至后代发福，始知其为仙耳。高术间生，世不常有，有之而人不知，此地之所以不出也。〇《江西通志》载："托长老扦梓溪刘长者墓，乡人易而笑之。"而刘氏实于此发迹，是一乡之人皆不知也。野史载：吴白云献泗州杨家墩之地于宋室，不惟不用，且禁锢之，其后乃为明室龙兴之基。是举朝之人皆不知也，何有于一乡乎？斯道精微，无可与语；有道之士，卷而怀之可耳。

达人悉山川之奥，而足力维艰；村师耐登涉之劳，而目力不具。所以阴阳之阃常闭，乾坤之橐不开。

《疑龙经》："只恐寻龙易厌斁，虽有眼力无脚力。"《地学》："谚云仙眼樵夫足，一步不到莫轻评。"

非五不祥勿迁，非五可患勿改。

五不祥者：一、塚无故自陷；二、塚上草木枯死；三、家有淫乱风声，少亡孤寡；四、男女忤逆，颠狂劫害，刑伤瘟火；五、人口死绝，家财耗散，官讼不息。语本《青乌经》。五可患者：他日恐为道路，恐为城郭，恐为沟池窑灶，恐为贵势所夺，恐为耕犁所及。语本程子。

侵古坟者不发，破祖塚者不昌。枯木无再华之时，冷灰无复燃之理。

《入式歌》："图埋旧穴最为凶，造物岂相容。"

穴有三吉，葬有六凶。必无纤芥之嫌，乃获美备之报。

《葬书》："藏神合朔，神迎鬼避，一吉也。阴阳冲合，五土四备，二吉也。目力之巧，工力之具，趋全避缺，增高益下，三吉也。阴阳差错为一凶，岁时之乖为二凶，力小图大为三凶，凭福恃势为四凶，僭上偪下为五凶，变应怪见为六凶。"

然虽地理，莫匪人谋。人事至而福生，则明师作合；人道乖而祸至，则瞽师为缘。

郑氏曰："主者福寿，良师辐辏。主者当衰，盲师投怀。"

固当趋吉避凶，必先为善去恶。非其人而投以大地，惧有冥诛。非其人而授以真传，恐致阴谴。

　　赖氏曰："世降风移人少淳，相逢大地勿轻许。"《入式歌》："若是恶人与善地，祸福皆反戾。"《葬法拾遗》："积善成庆，积恶成殃。人实成之，天实因之。故善葬者，必因其人。如或逆之，必当其刑。"白鹤仙《十戒》曰："不得发泄秘藏，轻指大地。有犯戒者，轻则减寿，重则灭门。"

卜太孺人葬地之图

　　是地尧山作祖，来能远，不能详述。至东宅庙分三大枝，中一枝磊落奔腾，约十余里，至穴后第七节，起七脑芙蓉帐，是为少祖。节节金水行龙，对节开桠，中有细脉直长，是为仙桥。至父母山，开睁展翅，两边曜气进出，谓之横飞曜。父母山下又起折山，再起太阳金星，开钳吐微乳结穴，穴前龙虎排衙，虎砂断处，顿起立曜。其右边缠龙一枝，过宫横拦，穴前分三层作案，案山余气合右边缠龙收水，而右边缠龙皆楼台鼓角，至尽处起水口山，水口万山丛立，中不容舟，虽枝龙小结，法主子孙绵远，故取用焉。

周易书斋精品书目

书　　名	作　　者	定　价	版别
影印涵芬楼本正统道藏 [典藏宣纸版；全512函1120册]	[明]张宇初编	480000.00	九州
影印涵芬楼本正统道藏 [再造善本；全512函1120册]	[明]张宇初编	280000.00	九州
重刊术藏[全6箱，精装100册]	谢路军郑同主编	68000.00	九州
续修术藏[全6箱，精装100册]	谢路军郑同主编	68000.00	九州
易藏[全6箱，精装60册]	谢路军郑同主编	48000.00	九州
道藏[全6箱，精装60册]	谢路军郑同主编	48000.00	九州
焦循文集[全精装18册]	[清]焦循撰	9800.00	九州
邵子全书[全精装15册]	[宋]邵雍撰	9600.00	九州
重刻故宫藏百二汉镜斋秘书四种(一):火珠林	宣纸线装1函1册	300.00	华龄
重刻故宫藏百二汉镜斋秘书四种(二):灵棋经	宣纸线装1函1册	300.00	华龄
重刻故宫藏百二汉镜斋秘书四种(三):滴天髓	宣纸线装1函1册	300.00	华龄
重刻故宫藏百二汉镜斋秘书四种(四):测字秘牒	宣纸线装1函1册	300.00	华龄
中外戏法图说:鹅幻汇编鹅幻余编合刊	宣纸线装1函3册	780.00	华龄
连山[宣纸线装一函一册]	[清]马国翰辑	280.00	华龄
归藏[宣纸线装一函一册]	[清]马国翰辑	280.00	华龄
周易虞氏义笺订[宣纸线装一函六册]	[清]李翊灼订	1180.00	华龄
周易参同契通真义	宣纸线装1函2册	480.00	华龄
御制周易[宣纸线装一函三册]	武英殿影宋本	680.00	华龄
宋刻周易本义[宣纸线装一函四册]	[宋]朱熹撰	980.00	华龄
易学启蒙[宣纸线装一函二册]	[宋]朱熹撰	480.00	华龄
易余[宣纸线装一函二册]	[明]方以智撰	480.00	九州
奇门鸣法[宣纸线装一函二册]	[清]龙伏山人撰	680.00	华龄
奇门衍象[宣纸线装一函二册]	[清]龙伏山人撰	480.00	华龄
奇门枢要[宣纸线装一函二册]	[清]龙伏山人撰	480.00	华龄
奇门仙机[宣纸线装一函三册]	王力军校订	298.00	华龄
奇门心法秘纂[宣纸线装一函三册]	王力军校订	298.00	华龄
御定奇门秘诀[宣纸线装一函三册]	[清]湖海居士辑	680.00	华龄
宫藏奇门大全[线装五函二十五册]	[清]湖海居士辑	6800.00	影印
遁甲奇门秘传要旨大全[线装二函十册]	[清]范阳耐寒子辑	6200.00	影印
增广神相全编[线装一函四册]	[明]袁珙订正	980.00	影印
龙伏山人存世文稿[宣纸线装五函十册]	[清]矫子阳撰	2800.00	九州
奇门遁甲鸣法[宣纸线装一函二册]	[清]矫子阳撰	680.00	九州
奇门遁甲衍象[宣纸线装一函二册]	[清]矫子阳撰	480.00	九州
奇门遁甲枢要[宣纸线装一函二册]	[清]矫子阳撰	480.00	九州
遁甲括囊集[宣纸线装一函三册]	[清]矫子阳撰	980.00	九州
增注蒋公古镜歌[宣纸线装一函一册]	[清]矫子阳撰	180.00	九州
明抄真本梅花易数[宣纸线装一函三册]	[宋]邵雍撰	480.00	九州

书 名	作 者	定 价	版别
古本皇极经世书[宣纸线装一函三册]	[宋]邵雍撰	980.00	九州
订正六壬金口诀[宣纸线装一函六册]	[清]巫国匡辑	1280.00	华龄
六壬神课金口诀[宣纸线装一函三册]	[明]适适子撰	298.00	华龄
改良三命通会[宣纸线装一函四册,第二版]	[明]万民英撰	980.00	华龄
增补选择通书玉匣记[宣纸线装一函二册]	[晋]许逊撰	480.00	华龄
阳宅三要	宣纸线装 1 函 3 册	298.00	华龄
绘图全本鲁班经匠家镜	宣纸线装 1 函 4 册	680.00	华龄
青囊海角经	宣纸线装 1 函 4 册	680.00	华龄
菊逸山房天函:地理点穴撼龙经	宣纸线装 1 函 3 册	680.00	华龄
菊逸山房地函:秘藏疑龙经大全	宣纸线装 1 函 1 册	280.00	华龄
菊逸山房人函:杨公秘本山法备收	宣纸线装 1 函 1 册	280.00	华龄
珍本 1:校正全本地学答问	宣纸线装 1 函 3 册	680.00	华龄
珍本 2:赖仙原本催官经	宣纸线装 1 函 1 册	280.00	华龄
珍本 3:赖仙催官篇注	宣纸线装 1 函 1 册	280.00	华龄
珍本 4:尹注赖仙催官篇	宣纸线装 1 函 1 册	280.00	华龄
珍本 5:赖仙心印	宣纸线装 1 函 1 册	280.00	华龄
珍本 6:新刻赖太素天星催官解	宣纸线装 1 函 2 册	480.00	华龄
珍本 7:天机秘传青囊内传	宣纸线装 1 函 1 册	280.00	华龄
珍本 8:阳宅斗首连篇秘授	宣纸线装 1 函 1 册	280.00	华龄
珍本 9:精刻编集阳宅真传秘诀	宣纸线装 1 函 2 册	480.00	华龄
珍本 10:秘传全本六壬玉连环	宣纸线装 1 函 2 册	480.00	华龄
珍本 11:秘传仙授奇门	宣纸线装 1 函 2 册	480.00	华龄
珍本 12:祝由科诸符秘卷祝由科诸符秘旨合刊	宣纸线装 1 函 2 册	480.00	华龄
珍本 13:校正古本入地眼图说	宣纸线装 1 函 2 册	480.00	华龄
珍本 14:校正全本钻地眼图说	宣纸线装 1 函 2 册	480.00	华龄
珍本 15:赖公七十二葬法	宣纸线装 1 函 2 册	480.00	华龄
珍本 16:新刻杨筠松秘传开门放水阴阳捷径	宣纸线装 1 函 2 册	480.00	华龄
珍本 17:校正古本地理五诀	宣纸线装 1 函 2 册	480.00	华龄
珍本 18:重校古本地理雪心赋	宣纸线装 1 函 2 册	480.00	华龄
珍本 19:宋国师吴景鸾先天后天理气心印补注	宣纸线装 1 函 1 册	280.00	华龄
珍本 20:新刊宋国师吴景鸾秘传夹竹梅花院纂	宣纸线装 1 函 2 册	480.00	华龄
珍本 21:影印原本任铁樵注滴天髓阐微	宣纸线装 1 函 4 册	1080.00	华龄
珍本 22:地理真宝一粒粟	宣纸线装 1 函 1 册	280.00	华龄
珍本 23:聚珍全本天机一贯	宣纸线装 1 函 2 册	480.00	华龄
珍本 24:阴宅造福秘诀	宣纸线装 1 函 1 册	280.00	华龄
珍本 25:增补谙吉宝镜图	宣纸线装 1 函 2 册	480.00	华龄
珍本 26:谙吉便览宝镜图	宣纸线装 1 函 1 册	280.00	华龄
珍本 27:谙吉便览八卦图	宣纸线装 1 函 1 册	280.00	华龄
珍本 28:甲遁真授秘集	宣纸线装 1 函 3 册	680.00	华龄
珍本 29:太上祝由科	宣纸线装 1 函 2 册	480.00	华龄
珍本 30:邵康节先生心易梅花数	宣纸线装 1 函 1 册	280.00	华龄

书　名	作　者	定　价	版别
子部珍本备要(共 360 种 18 万元)		以下分函价	九州
001 岣嵝神书	宣纸线装 1 函 1 册	280.00	九州
002 地理啖蔗録	宣纸线装 1 函 4 册	880.00	九州
003 地理玄珠精选	宣纸线装 1 函 4 册	880.00	九州
004 地理琢玉斧峦头歌括	宣纸线装 1 函 4 册	880.00	九州
005 金氏地学粹编	宣纸线装 3 函 8 册	1840.00	九州
006 风水一书	宣纸线装 1 函 4 册	880.00	九州
007 风水二书	宣纸线装 1 函 4 册	880.00	九州
008 增注周易神应六亲百章海底眼	宣纸线装 1 函 1 册	280.00	九州
009 卜易指南	宣纸线装 1 函 1 册	280.00	九州
010 大六壬占验	宣纸线装 1 函 1 册	280.00	九州
011 真本六壬神课金口诀	宣纸线装 1 函 3 册	680.00	九州
012 太乙指津	宣纸线装 1 函 2 册	480.00	九州
013 太乙金钥匙 太乙金钥匙续集	宣纸线装 1 函 1 册	280.00	九州
014 奇门遁甲占验天时	宣纸线装 1 函 2 册	480.00	九州
015 南阳掌珍遁甲	宣纸线装 1 函 1 册	280.00	九州
016 达摩易筋经 易筋经外经图说 八段锦	宣纸线装 1 函 1 册	280.00	九州
017 钦天监彩绘真本推背图	宣纸线装 1 函 2 册	680.00	九州
018 清抄全本玉函通秘	宣纸线装 1 函 3 册	680.00	九州
019 灵棋经	宣纸线装 1 函 1 册	280.00	九州
020 道藏灵符秘法	宣纸线装 4 函 9 册	2100.00	九州
021 地理青囊玉尺度金针集	宣纸线装 1 函 6 册	1280.00	九州
022 奇门秘传九宫纂要	宣纸线装 1 函 1 册	280.00	九州
023 影印清抄耕寸集－真本子平真诠	宣纸线装 1 函 2 册	480.00	九州
024 新刊合并官板音义评注渊海子平	宣纸线装 1 函 2 册	480.00	九州
025 影抄宋本五行精纪	宣纸线装 1 函 6 册	1080.00	九州
026 影印明刻阴阳五要奇书 1－郭氏阴阳元经	宣纸线装 1 函 2 册	480.00	九州
027 影印明刻阴阳五要奇书 2－克择璇玑括要	宣纸线装 1 函 1 册	280.00	九州
028 影印明刻阴阳五要奇书 3－阳明按索图	宣纸线装 1 函 2 册	480.00	九州
029 影印明刻阴阳五要奇书 4－佐玄直指	宣纸线装 1 函 2 册	480.00	九州
030 影印明刻阴阳五要奇书 5－三白宝海钩玄	宣纸线装 1 函 1 册	280.00	九州
031 相命图诀许负相法十六篇合刊	宣纸线装 1 函 1 册	280.00	九州
032 玉掌神相神相铁关刀合刊	宣纸线装 1 函 1 册	280.00	九州
033 古本太乙淘金歌	宣纸线装 1 函 1 册	280.00	九州
034 重刊地理葬埋黑通书	宣纸线装 1 函 2 册	480.00	九州
035 壬归	宣纸线装 1 函 2 册	480.00	九州
036 大六壬苗公鬼撮脚二种合刊	宣纸线装 1 函 1 册	280.00	九州
037 大六壬鬼撮脚射覆	宣纸线装 1 函 2 册	480.00	九州
038 大六壬金柜经	宣纸线装 1 函 1 册	280.00	九州
039 纪氏奇门秘书仕学备余	宣纸线装 1 函 1 册	280.00	九州

书 名	作 者	定 价	版别
040 八门九星阴阳二遁全本奇门断	宣纸线装 2 函 18 册	3680.00	九州
041 李卫公奇门心法	宣纸线装 1 函 1 册	280.00	九州
042 武侯行兵遁甲金函玉镜海底眼	宣纸线装 1 函 1 册	280.00	九州
043 诸葛武侯奇门千金诀	宣纸线装 1 函 1 册	280.00	九州
044 隔夜神算	宣纸线装 1 函 1 册	280.00	九州
045 地理五种秘笈合刊	宣纸线装 1 函 1 册	280.00	九州
046 地理雪心赋句解	宣纸线装 1 函 2 册	480.00	九州
047 九天玄女青囊经	宣纸线装 1 函 1 册	280.00	九州
048 考定撼龙经	宣纸线装 1 函 1 册	280.00	九州
049 刘江东家藏善本葬书	宣纸线装 1 函 1 册	280.00	九州
050 杨公六段玄机赋杨筠松安门楼玉辇经合刊	宣纸线装 1 函 1 册	280.00	九州
051 风水金鉴	宣纸线装 1 函 1 册	280.00	九州
052 新镌碎玉剖秘地理不求人	宣纸线装 1 函 2 册	480.00	九州
053 阳宅八门金光斗临经	宣纸线装 1 函 1 册	280.00	九州
054 新镌徐氏家藏罗经顶门针	宣纸线装 1 函 2 册	480.00	九州
055 影印乾隆丙午刻本地理五诀	宣纸线装 1 函 4 册	880.00	九州
056 地理诀要雪心赋	宣纸线装 1 函 2 册	480.00	九州
057 蒋氏平阶家藏善本插泥剑	宣纸线装 2 函 18 册	280.00	九州
058 蒋大鸿家传地理归厚录	宣纸线装 1 函 1 册	280.00	九州
059 蒋大鸿家传三元地理秘书	宣纸线装 1 函 1 册	280.00	九州
060 蒋大鸿家传天星选择秘旨	宣纸线装 1 函 1 册	280.00	九州
061 撼龙经批注校补	宣纸线装 1 函 4 册	880.00	九州
062 疑龙经批注校补一全	宣纸线装 1 函 1 册	280.00	九州
063 种筠书屋较订山法诸书	宣纸线装 1 函 2 册	480.00	九州
064 堪舆倒杖诀 拨砂经遗篇 合刊	宣纸线装 1 函 1 册	280.00	九州
065 认龙天宝经	宣纸线装 1 函 1 册	280.00	九州
066 天机望龙经刘氏心法 杨公骑龙穴诗合刊	宣纸线装 1 函 1 册	280.00	九州
067 风水一夜仙秘传三种合刊	宣纸线装 1 函 1 册	280.00	九州
068 新镌地理八窍	宣纸线装 1 函 2 册	480.00	九州
069 地理解醒	宣纸线装 1 函 1 册	280.00	九州
070 峦头指迷	宣纸线装 1 函 3 册	680.00	九州
071 茅山上清灵符	宣纸线装 1 函 2 册	480.00	九州
072 茅山上清镇禳摄制秘法	宣纸线装 1 函 1 册	280.00	九州
073 天医祝由科秘抄	宣纸线装 1 函 2 册	480.00	九州
074 千镇百镇桃花镇	宣纸线装 1 函 2 册	480.00	九州
075 轩辕碑记医学祝由十三科治病奇书合刊	宣纸线装 1 函 1 册	280.00	九州
076 清抄真本祝由科秘诀全书	宣纸线装 1 函 3 册	680.00	九州
077 增补秘传万法归宗	宣纸线装 1 函 2 册	480.00	九州
078 祝由科诸符秘卷祝由科诸符秘旨合刊	宣纸线装 1 函 1 册	280.00	九州
079 辰州符咒大全	宣纸线装 1 函 4 册	880.00	九州

书　　名	作　者	定　价	版别
080 万历初刻三命通会	宣纸线装 2 函 12 册	2480.00	九州
081 新编三车一览子平渊源注解	宣纸线装 1 函 3 册	680.00	九州
082 命理用神精华	宣纸线装 1 函 3 册	680.00	九州
083 命学探骊集	宣纸线装 1 函 1 册	280.00	九州
084 相诀摘要	宣纸线装 1 函 2 册	480.00	九州
085 相法秘传	宣纸线装 1 函 1 册	280.00	九州
086 新编相法五总龟	宣纸线装 1 函 1 册	280.00	九州
087 相学统宗心易秘传	宣纸线装 1 函 2 册	480.00	九州
088 秘本大清相法	宣纸线装 1 函 2 册	480.00	九州
089 相法易知	宣纸线装 1 函 1 册	280.00	九州
090 星命风水秘传	宣纸线装 1 函 1 册	280.00	九州
091 大六壬隔山照	宣纸线装 1 函 2 册	480.00	九州
092 大六壬考正	宣纸线装 1 函 1 册	280.00	九州
093 大六壬类阐	宣纸线装 1 函 2 册	480.00	九州
094 六壬心镜集注	宣纸线装 1 函 1 册	280.00	九州
095 遁甲吾学编	宣纸线装 1 函 2 册	480.00	九州
096 刘明江家藏善本奇门衍象	宣纸线装 1 函 1 册	280.00	九州
097 遁甲天书秘文	宣纸线装 1 函 2 册	480.00	九州
098 金柜符应秘文	宣纸线装 1 函 2 册	480.00	九州
099 秘传金函奇门隐遁丁甲法书	宣纸线装 1 函 2 册	480.00	九州
100 六壬行军指南	宣纸线装 2 函 10 册	2080.00	九州
101 家藏阴阳二宅秘诀线法	宣纸线装 1 函 2 册	480.00	九州
102 阳宅一书阴宅一书合刊	宣纸线装 1 函 1 册	280.00	九州
103 地理法门全书	宣纸线装 1 函 1 册	280.00	九州
104 四真全书玉钥匙	宣纸线装 1 函 1 册	280.00	九州
105 重刊官板玉髓真经	宣纸线装 1 函 4 册	880.00	九州
106 明刊阳宅真诀	宣纸线装 1 函 2 册	480.00	九州
107 阳宅指南	宣纸线装 1 函 1 册	280.00	九州
108 阳宅秘传三书	宣纸线装 1 函 1 册	280.00	九州
109 阳宅都天滚盘珠	宣纸线装 1 函 1 册	280.00	九州
110 纪氏地理水法要诀	宣纸线装 1 函 1 册	280.00	九州
111 李默斋先生地理辟径集	宣纸线装 1 函 2 册	480.00	九州
112 李默斋先生辟径集续篇 地理秘缺	宣纸线装 1 函 2 册	480.00	九州
113 地理辨正自解	宣纸线装 1 函 1 册	280.00	九州
114 形家五要全编	宣纸线装 1 函 4 册	880.00	九州
115 地理辨正抉要	宣纸线装 1 函 1 册	280.00	九州
116 地理辨正揭隐	宣纸线装 1 函 1 册	280.00	九州
117 地学铁骨秘	宣纸线装 1 函 1 册	280.00	九州
118 地理辨正发秘初稿	宣纸线装 1 函 1 册	280.00	九州
119 三元宅墓图	宣纸线装 1 函 1 册	280.00	九州

书　　名	作　　者	定　价	版别
120 参赞玄机地理仙婆集	宣纸线装 2 函 8 册	1680.00	九州
121 幕讲禅师玄空秘旨浅注外七种	宣纸线装 1 函 1 册	280.00	九州
122 玄空挨星图诀	宣纸线装 1 函 1 册	280.00	九州
123 影印稿本玄空地理筌蹄	宣纸线装 1 函 1 册	280.00	九州
124 玄空古义四种通释	宣纸线装 1 函 2 册	480.00	九州
125 地理疑义答问	宣纸线装 1 函 1 册	280.00	九州
126 王元极地理辨正冒禁录	宣纸线装 1 函 1 册	280.00	九州
127 王元极校补天元选择辨正	宣纸线装 1 函 3 册	680.00	九州
128 王元极选择辨真全书	宣纸线装 1 函 1 册	280.00	九州
129 王元极增批地理冰海原本地理冰海合刊	宣纸线装 1 函 1 册	280.00	九州
130 王元极三元阳宅萃篇	宣纸线装 1 函 2 册	480.00	九州
131 尹一勺先生地理精语	宣纸线装 1 函 1 册	280.00	九州
132 古本地理元真	宣纸线装 1 函 2 册	480.00	九州
133 杨公秘本搜地灵	宣纸线装 1 函 1 册	280.00	九州
134 秘藏千里眼	宣纸线装 1 函 1 册	280.00	九州
135 道光刊本地理或问	宣纸线装 1 函 1 册	280.00	九州
136 影印稿本地理秘诀	宣纸线装 1 函 2 册	480.00	九州
137 地理秘诀隔山照 地理括要 合刊	宣纸线装 1 函 1 册	280.00	九州
138 地理前后五十段	宣纸线装 1 函 2 册	480.00	九州
139 心耕书屋藏本地经图说	宣纸线装 1 函 1 册	280.00	九州
140 地理古本道法双谭	宣纸线装 1 函 1 册	280.00	九州
141 奇门遁甲元灵经	宣纸线装 1 函 1 册	280.00	九州
142 黄帝遁甲归藏大意 白猿真经 合刊	宣纸线装 1 函 1 册	280.00	九州
143 遁甲符应经	宣纸线装 1 函 2 册	480.00	九州
144 遁甲通明钤	宣纸线装 1 函 1 册	280.00	九州
145 景祐奇门秘纂	宣纸线装 1 函 2 册	480.00	九州
146 奇门先天要论	宣纸线装 1 函 2 册	480.00	九州
147 御定奇门古本	宣纸线装 1 函 2 册	480.00	九州
148 奇门吉凶格解	宣纸线装 1 函 1 册	280.00	九州
149 御定奇门宝鉴	宣纸线装 1 函 3 册	680.00	九州
150 奇门阐易	宣纸线装 1 函 2 册	480.00	九州
151 六壬总论	宣纸线装 1 函 1 册	280.00	九州
152 稿抄本大六壬翠羽歌	宣纸线装 1 函 1 册	280.00	九州
153 都天六壬神课	宣纸线装 1 函 1 册	280.00	九州
154 大六壬易简	宣纸线装 1 函 2 册	480.00	九州
155 太上六壬明鉴符阴经	宣纸线装 1 函 1 册	280.00	九州
156 增补关煞袖里金百中经	宣纸线装 1 函 1 册	280.00	九州
157 演禽三世相法	宣纸线装 1 函 2 册	480.00	九州
158 合婚便览 和合婚姻咒 合刊	宣纸线装 1 函 1 册	280.00	九州
159 神数十种	宣纸线装 1 函 1 册	280.00	九州

书　名	作　者	定　价	版别
160 神机灵数一掌经金钱课合刊	宣纸线装 1 函 1 册	280.00	九州
161 阴阳二宅易知录	宣纸线装 1 函 2 册	480.00	九州
162 阴宅镜	宣纸线装 1 函 2 册	480.00	九州
163 阳宅镜	宣纸线装 1 函 1 册	280.00	九州
164 清精抄本六圃地学	宣纸线装 1 函 1 册	280.00	九州
165 形峦神断书	宣纸线装 1 函 1 册	280.00	九州
166 堪舆三昧	宣纸线装 1 函 1 册	280.00	九州
167 遁甲奇门捷要	宣纸线装 1 函 1 册	280.00	九州
168 奇门遁甲备览	宣纸线装 1 函 1 册	280.00	九州
169 原传真本石室藏本圆光真传秘诀合刊	宣纸线装 1 函 1 册	280.00	九州
170 明抄全本壬归	宣纸线装 1 函 4 册	880.00	九州
171 董德彰水法秘诀水法断诀合刊	宣纸线装 1 函 1 册	280.00	九州
172 董德彰先生水法图说	宣纸线装 1 函 1 册	280.00	九州
173 董德彰先生泄天机纂要	宣纸线装 1 函 2 册	480.00	九州
174 李默斋先生地理秘传	宣纸线装 1 函 2 册	480.00	九州
175 新锲希夷陈先生紫微斗数全书	宣纸线装 1 函 3 册	680.00	九州
176 海源阁藏明刊麻衣相法全编	宣纸线装 1 函 2 册	480.00	九州
177 袁忠彻先生相法秘传	宣纸线装 1 函 3 册	680.00	九州
178 火珠林要旨 筮杕	宣纸线装 1 函 2 册	480.00	九州
179 火珠林占法秘传 续筮杕	宣纸线装 1 函 1 册	280.00	九州
180 六壬类聚	宣纸线装 1 函 4 册	880.00	九州
181 新刻麻衣相神异赋	宣纸线装 1 函 1 册	280.00	九州
182 诸葛武侯奇门遁甲全书	宣纸线装 1 函 2 册	480.00	九州
183 张九仪传地理偶摘	宣纸线装 1 函 1 册	280.00	九州
184 张九仪传地理偶注	宣纸线装 1 函 1 册	280.00	九州
185 阳宅玄珠	宣纸线装 1 函 1 册	280.00	九州
186 阴宅总论	宣纸线装 1 函 1 册	280.00	九州
187 新刻杨救贫秘传阴阳二宅便用统宗	宣纸线装 1 函 1 册	280.00	九州
188 增补理气图说	宣纸线装 1 函 2 册	480.00	九州
189 增补罗经图说	宣纸线装 1 函 1 册	280.00	九州
190 重镌官板阳宅大全	宣纸线装 1 函 4 册	880.00	九州
191 景祐太乙福应经	宣纸线装 1 函 1 册	280.00	九州
192 景祐遁甲符应经	宣纸线装 1 函 1 册	280.00	九州
193 景祐六壬神定经	宣纸线装 1 函 1 册	280.00	九州
194 御制禽遁符应经	宣纸线装 1 函 2 册	480.00	九州
195 秘传匠家鲁班经符法	宣纸线装 1 函 3 册	680.00	九州
196 哈佛藏本太史黄际飞注天玉经	宣纸线装 1 函 1 册	280.00	九州
197 李三素先生红囊经解	宣纸线装 1 函 1 册	280.00	九州
198 杨曾青囊天玉通义	宣纸线装 1 函 1 册	280.00	九州
199 重编大清钦天监焦秉贞彩绘历代推背图解	宣纸线装 1 函 2 册	680.00	九州

书　　名	作　　者	定　价	版别
200 道光初刻相理衡真	宣纸线装 1 函 4 册	880.00	九州
201 新刻袁柳庄先生秘传相法	宣纸线装 1 函 3 册	680.00	九州
202 袁忠彻相法古今识鉴	宣纸线装 1 函 2 册	480.00	九州
203 袁天纲五星三命指南	宣纸线装 1 函 2 册	480.00	九州
204 新刻五星玉镜	宣纸线装 1 函 3 册	680.00	九州
205 游艺录:筮遁壬行年斗数相宅	宣纸线装 1 函 1 册	280.00	九州
206 新订王氏罗经透解	宣纸线装 1 函 2 册	480.00	九州
207 堪舆真诠	宣纸线装 1 函 3 册	680.00	九州
208 青囊天机奥旨二种	宣纸线装 1 函 1 册	280.00	九州
209 张九仪传地理偶录	宣纸线装 1 函 1 册	280.00	九州
210 地学形势集	宣纸线装 1 函 8 册	1680.00	九州
211 神相水镜集	宣纸线装 1 函 4 册	880.00	九州
212 稀见相学秘笈四种合刊	宣纸线装 1 函 2 册	480.00	九州
213 神相金较剪	宣纸线装 1 函 1 册	280.00	九州
214 神相证验百条	宣纸线装 1 函 2 册	480.00	九州
215 全本神相全编	宣纸线装 1 函 3 册	680.00	九州
216 神相全编正义	宣纸线装 1 函 3 册	680.00	九州
217 八宅明镜	宣纸线装 1 函 2 册	480.00	九州
218 阳宅卜居秘髓	宣纸线装 1 函 3 册	680.00	九州
219 地理乾坤法窍	宣纸线装 1 函 3 册	680.00	九州
220 秘传廖公画筴拨砂经	宣纸线装 1 函 4 册	880.00	九州
221 地理囊金集注	宣纸线装 1 函 1 册	280.00	九州
222 赤松子罗经要旨	宣纸线装 1 函 1 册	280.00	九州
223 萧仙地理心法堪舆经	宣纸线装 1 函 2 册	480.00	九州
224 新刻地理搜龙奥语	宣纸线装 1 函 2 册	480.00	九州
225 新刻风水珠神真经	宣纸线装 1 函 2 册	480.00	九州
226 寻龙点穴地理索隐	宣纸线装 1 函 1 册	280.00	九州
227 杨公撼龙经考注	宣纸线装 1 函 2 册	480.00	九州
228 李德贞秘授三元秘诀	宣纸线装 1 函 1 册	280.00	九州
229 地理支陇乘气论	宣纸线装 1 函 2 册	480.00	九州
230 道光刻全本相山撮要	宣纸线装 2 函 6 册	1500.00	九州
231 药王真传祝由科全编	宣纸线装 1 函 1 册	280.00	九州
232 梵音斗科符箓秘书	宣纸线装 1 函 2 册	580.00	九州
233 御定奇门灵占	宣纸线装 1 函 4 册	880.00	九州
234 御定奇门宝镜图	宣纸线装 1 函 2 册	480.00	九州
235 汇纂大六壬玉钥匙心诀	宣纸线装 1 函 1 册	280.00	九州
236 补完直解六壬五变中黄经	宣纸线装 1 函 2 册	480.00	九州
237 六壬节要直讲	宣纸线装 1 函 2 册	480.00	九州
238 六壬神课捷要占验	宣纸线装 1 函 1 册	280.00	九州
239 六壬袖传神课捷要	宣纸线装 1 函 1 册	280.00	九州
240 秘藏大六壬大全善本	宣纸线装 2 函 8 册	1800.00	九州

书 名	作 者	定 价	版别
增补四库青乌辑要[宣纸线装全18函59册]	郑同校	11680.00	九州
第1种:宅经[宣纸线装1册]	[署]黄帝撰	180.00	九州
第2种:葬书[宣纸线装1册]	[晋]郭璞撰	220.00	九州
第3种:青囊序青囊奥语天玉经[宣纸线装1册]	[唐]杨筠松撰	220.00	九州
第4种:黄囊经[宣纸线装1册]	[唐]杨筠松撰	220.00	九州
第5种:黑囊经[宣纸线装2册]	[唐]杨筠松撰	380.00	九州
第6种:锦囊经[宣纸线装1册]	[晋]郭璞撰	200.00	九州
第7种:天机贯旨红囊经[宣纸线装2册]	[清]李三素撰	380.00	九州
第8种:玉函天机素书/至宝经[宣纸线装1册]	[明]董德彰撰	200.00	九州
第9种:天机一贯[宣纸线装2册]	[清]李三素撰辑	380.00	九州
第10种:撼龙经[宣纸线装1册]	[唐]杨筠松撰	200.00	九州
第11种:疑龙经葬法倒杖[宣纸线装1册]	[唐]杨筠松撰	220.00	九州
第12种:疑龙经辨正[宣纸线装1册]	[唐]杨筠松撰	200.00	九州
第13种:寻龙记太华经[宣纸线装1册]	[唐]曾文辿撰	220.00	九州
第14种:宅谱要典[宣纸线装2册]	[清]铣溪野人校	380.00	九州
第15种:阳宅必用[宣纸线装2册]	心灯大师校订	380.00	九州
第16种:阳宅撮要[宣纸线装2册]	[清]吴鼒撰	380.00	九州
第17种:阳宅正宗[宣纸线装1册]	[清]姚承舆撰	200.00	九州
第18种:阳宅指掌[宣纸线装2册]	[清]黄海山人撰	380.00	九州
第19种:相宅新编[宣纸线装1册]	[清]焦循校刊	240.00	九州
第20种:阳宅井明[宣纸线装2册]	[清]邓颖出撰	380.00	九州
第21种:阴宅井明[宣纸线装1册]	[清]邓颖出撰	220.00	九州
第22种:灵城精义[宣纸线装2册]	[南唐]何溥撰	380.00	九州
第23种:龙穴砂水说[宣纸线装1册]	清抄秘本	180.00	九州
第24种:三元水法秘诀[宣纸线装2册]	清抄秘本	380.00	九州
第25种:罗经秘传[宣纸线装2册]	[清]傅禹辑	380.00	九州
第26种:穿山透地真传[宣纸线装2册]	[清]张九仪撰	380.00	九州
第27种:催官篇发微论[宣纸线装2册]	[宋]赖文俊撰	380.00	九州
第28种:入地眼神断要诀[宣纸线装2册]	清抄秘本	380.00	九州
第29种:玄空大卦秘断[宣纸线装1册]	清抄秘本	200.00	九州
第30种:玄空大五行真传口诀[宣纸线装1册]	[明]蒋大鸿等撰	220.00	九州
第31种:杨曾九宫颠倒打劫图说[宣纸线装1册]	[唐]杨筠松撰	200.00	九州
第32种:乌兔经奇验经[宣纸线装1册]	[唐]杨筠松撰	180.00	九州
第33种:挨星考注[宣纸线装1册]	[清]汪董缘订定	260.00	九州
第34种:地理挨星说汇要[宣纸线装1册]	[明]蒋大鸿撰辑	220.00	九州
第35种:地理捷诀[宣纸线装1册]	[清]傅禹辑	200.00	九州
第36种:地理三仙秘旨[宣纸线装1册]	清抄秘本	200.00	九州
第37种:地理三字经[宣纸线装3册]	[清]程思乐撰	580.00	九州
第38种:地理雪心赋注解[宣纸线装2册]	[唐]卜则嵬撰	380.00	九州
第39种:蒋公天元余义[宣纸线装1册]	[明]蒋大鸿等撰	220.00	九州
第40种:地理真传秘旨[宣纸线装3册]	[唐]杨筠松撰	580.00	九州

书　名	作　者	定　价	版别
增补四库未收方术汇刊第一辑（全 28 函）	线装影印本	11800.00	九州
第一辑 01 函：火珠林·卜筮正宗	[宋]麻衣道者著	340.00	九州
第一辑 02 函：全本增删卜易·增删卜易真诠	[清]野鹤老人撰	720.00	九州
第一辑 03 函：渊海子平音义评注·子平真诠·命理易知	[明]杨淙增校	360.00	九州
第一辑 04 函：滴天髓·附滴天秘诀·穷通宝鉴：附月谈赋	[宋]京图撰	360.00	九州
第一辑 05 函：参星秘要诹吉便览·玉函斗首三台通书·精校三元总录	[清]俞荣宽撰	460.00	九州
第一辑 06 函：陈子性藏书	[清]陈应选撰	580.00	九州
第一辑 07 函：崇正辟谬永吉通书·选择求真	[清]李奉来辑	500.00	九州
第一辑 08 函：增补选择通书玉匣记·永宁通书	[晋]许逊撰	400.00	九州
第一辑 09 函：新增阳宅爱众篇	[清]张觉正撰	480.00	九州
第一辑 10 函：地理四弹子·地理铅弹子砂水要诀	[清]张九仪注	340.00	九州
第一辑 11 函：地理五诀	[清]赵九峰著	200.00	九州
第一辑 12 函：地理直指原真	[清]释如玉撰	280.00	九州
第一辑 13 函：宫藏真本入地眼全书	[宋]释静道著	680.00	九州
第一辑 14 函：罗经顶门针·罗经解定·罗经透解	[明]徐之镆撰	360.00	九州
第一辑 15 函：校正详图青囊经·平砂玉尺经·地理辨正疏	[清]王宗臣著	300.00	九州
第一辑 16 函：一贯堪舆	[明]唐世友辑	240.00	九州
第一辑 17 函：阳宅大全·阳宅十书	[明]一壑居士集	600.00	九州
第一辑 18 函：阳宅大成五种	[清]魏青江撰	600.00	九州
第一辑 19 函：奇门五总龟·奇门遁甲统宗大全·奇门遁甲元灵经	[明]池纪撰	500.00	九州
第一辑 20 函：奇门遁甲秘笈全书	[明]刘伯温辑	280.00	九州
第一辑 21 函：奇门庐中阐秘	[汉]诸葛武侯撰	600.00	九州
第一辑 22 函：奇门遁甲元机·太乙秘书·六壬大占	[宋]岳珂纂辑	360.00	九州
第一辑 23 函：性命圭旨	[明]尹真人撰	480.00	九州
第一辑 24 函：紫微斗数全书	[宋]陈抟撰	200.00	九州
第一辑 25 函：千镇百镇桃花镇	[清]云石道人校	220.00	九州
第一辑 26 函：清抄真本祝由科秘诀全书·轩辕碑记医学祝由十三科	[上古]黄帝传	800.00	九州
第一辑 27 函：增补秘传万法归宗	[唐]李淳风撰	160.00	九州
第一辑 28 函：神机灵数一掌经金钱课·牙牌神数七种·珍本演禽三世相法	[清]诚文信校	440.00	九州
增补四库未收方术汇刊第二辑（全 36 函）	线装影印本	13800.00	九州
第二辑第 1 函：六爻断易一撮金·卜易秘诀海底眼	[宋]邵雍撰	200.00	九州
第二辑第 2 函：秘传子平渊源	燕山郑同校辑	280.00	九州
第二辑第 3 函：命理探原	[清]袁树珊撰	280.00	九州
第二辑第 4 函：命理正宗	[明]张楠撰集	180.00	九州
第二辑第 5 函：造化玄钥	庄圆校补	220.00	九州
第二辑第 6 函：命理寻源·子平管见	[清]徐乐吾撰	280.00	九州
第二辑第 7 函：京本风鉴相法	[明]回阳子校辑	380.00	九州
第二辑第 8—9 函：钦定协纪辨方书 8 册	[清]允禄编	780.00	九州
第二辑第 10—11 函：鳌头通书 10 册	[明]熊宗立撰辑	880.00	九州

书　名	作　者	定价	版别
第二辑第12—13函:象吉通书	[清]魏明远撰辑	1080.00	九州
第二辑第14函:选择宗镜・选择纪要	[朝鲜]南秉吉撰	360.00	九州
第二辑第15函:选择正宗	[清]顾宗秀撰辑	480.00	九州
第二辑第16函:仪度六壬选日要诀	[清]张九仪撰	680.00	九州
第二辑第17函:葬事择日法	郑同校辑	280.00	九州
第二辑第18函:地理不求人	[清]吴明初撰辑	240.00	九州
第二辑第19函:地理大成一:山法全书	[清]叶九升撰	680.00	九州
第二辑第20函:地理大成二:平阳全书	[清]叶九升撰	360.00	九州
第二辑第21函:地理大成三:地理六经注・地理大成四:罗经指南拔雾集・地理大成五:理气四诀	[清]叶九升撰	300.00	九州
第二辑第22函:地理录要	[明]蒋大鸿撰	480.00	九州
第二辑第23函:地理人子须知	[明]徐善继撰	480.00	九州
第二辑第24函:地理四秘全书	[清]尹一勺撰	380.00	九州
第二辑第25—26函:地理天机会元	[明]顾陵冈辑	1080.00	九州
第二辑第27函:地理正宗	[清]蒋宗城校订	280.00	九州
第二辑第28函:全图鲁班经	[明]午荣编	280.00	九州
第二辑第29函:秘传水龙经	[明]蒋大鸿撰	480.00	九州
第二辑第30函:阳宅集成	[清]姚廷銮纂	480.00	九州
第二辑第31函:阴宅集要	[清]姚廷銮纂	240.00	九州
第二辑第32函:辰州符咒大全	[清]觉玄子辑	480.00	九州
第二辑第33函:三元镇宅灵符秘箓・太上洞玄祛病灵符全书	[明]张宇初编	240.00	九州
第二辑第34函:太上混元祈福解灾三部神符	[明]张宇初编	360.00	九州
第二辑第35函:测字秘牒・先天易数・冲天易数/马前课	[清]程省撰	360.00	九州
第二辑第36函:秘传紫微	古朝鲜抄本	240.00	九州
子部善本1:新刊地理玄珠	精装古本影印	380.00	华龄
子部善本2:参赞玄机地理仙婆集	精装古本影印	380.00	华龄
子部善本3:章仲山地理九种(上下)	精装古本影印	760.00	华龄
子部善本4:八门九星阴阳二遁全本奇门断	精装古本影印	760.00	华龄
子部善本5:六壬统宗大全	精装古本影印	380.00	华龄
子部善本6:太乙统宗宝鉴	精装古本影印	380.00	华龄
子部善本7:重刊星海词林(全五册)	精装古本影印	1900.00	华龄
子部善本8:万历初刻三命通会(上下)	精装古本影印	760.00	华龄
子部善本9:增广沈氏玄空学(上下)	精装古本影印	760.00	华龄
子部善本10:江公择日秘稿	精装古本影印	380.00	华龄
子部善本11:刘氏家藏阐微通书(上下)	精装古本影印	760.00	华龄
子部善本12:影印增补高岛易断(上下)	精装古本影印	760.00	华龄
子部善本13:清刻足本铁板神数	精装古本影印	380.00	华龄
子部善本14:增订天官五星集腋(上下)	精装古本影印	760.00	华龄
子部善本15:太乙奇门六壬兵备统宗(上中下)	精装古本影印	1140.00	华龄
子部善本16:御定景祐奇门大全(上下)	精装古本影印	760.00	华龄
子部善本17:地理四秘全书十二种	精装古本影印	380.00	华龄

书　　名	作　者	定　价	版别
子部善本 18:全本地理统一全书	精装古本影印	380.00	华龄
子部善本 19:廖公画策扒砂经(上下)	精装古本影印	760.00	华龄
子部善本 20:明刊玉髓真经(上下)	精装古本影印	760.00	华龄
子部善本 21:蒋大鸿家藏地学捷旨	精装古本影印	380.00	华龄
子部善本 22:阳宅安居金镜	精装古本影印	380.00	华龄
子部善本 23:新刊地理紫囊书(上下)	精装古本影印	760.00	华龄
子部善本 24:地理大成五种(上下)	精装古本影印	760.00	华龄
子部善本 25:初刻鳌头通书大全(上中下)	精装古本影印	1140.00	华龄
子部善本 26:初刻象吉备要通书大全(上中下)	精装古本影印	1140.00	华龄
子部善本 27:钦定协纪辨方书(武英殿板)(上下)	精装古本影印	760.00	华龄
子部善本 28:初刻陈子性藏书(上中下)	精装古本影印	1140.00	华龄
子平遗书第 1 辑(甲子至戊辰,全三册)	精装古本影印	980.00	华龄
子平遗书第 2 辑(庚午至甲戌,全三册)	精装古本影印	980.00	华龄
子平遗书第 3 辑(乙亥至戊子,全三册)	精装古本影印	980.00	华龄
子平遗书第 4 辑(庚寅至庚午,全三册)	精装古本影印	980.00	华龄
子平遗书第 5 辑(辛丑至癸丑,全三册)	精装古本影印	980.00	华龄
子平遗书第 6 辑(甲寅至辛酉,全三册)	精装古本影印	980.00	华龄
风水择吉第一书:辨方(精装)	李明清著	168.00	华龄
珞琭子三命消息赋古注通疏(精装上下)	一明注疏	188.00	华龄
增补高岛易断(简体横排精装上下)	(清)王治本编译	198.00	华龄
中国古代术数基础理论(精装 1 函 5 册)	刘昌易著	495.00	团结
飞盘奇门:鸣法体系校释(精装上下)	刘金亮撰	198.00	九州
白话高岛易断(上下)	孙正治孙奥麟译	128.00	九州
润德堂丛书全编 1:述卜筮星相学	袁树珊著	38.00	华龄
润德堂丛书全编 2:命理探原	袁树珊著	38.00	华龄
润德堂丛书全编 3:命谱	袁树珊著	68.00	华龄
润德堂丛书全编 4:大六壬探原 养生三要	袁树珊著	38.00	华龄
润德堂丛书全编 5:中西相人探原	袁树珊著	38.00	华龄
润德堂丛书全编 6:选吉探原 八字万年历	袁树珊著	38.00	华龄
润德堂丛书全编 7:中国历代卜人传(上中下)	袁树珊著	168.00	华龄
三式汇刊 1:大六壬口诀纂	[明]林昌长辑	68.00	华龄
三式汇刊 2:大六壬集应钤	[明]黄宾廷撰	198.00	华龄
三式汇刊 3:奇门大全秘纂	[清]湖海居士撰	68.00	华龄
三式汇刊 4:大六壬总归	[宋]郭子晟撰	58.00	华龄
三式汇刊 5:大六壬心镜	[唐]徐道符辑	48.00	华龄
三式汇刊 6:壬窍	[清]无无野人撰	48.00	华龄
青囊汇刊 1:青囊秘要	[晋]郭璞等撰	48.00	华龄
青囊汇刊 2:青囊海角经	[晋]郭璞等撰	48.00	华龄
青囊汇刊 3:阳宅十书	[明]王君荣撰	48.00	华龄
青囊汇刊 4:秘传水龙经	[明]蒋大鸿撰	68.00	华龄
青囊汇刊 5:管氏地理指蒙	[三国]管辂撰	48.00	华龄

书 名	作 者	定 价	版别
青囊汇刊6:地理山洋指迷	[明]周景一撰	32.00	华龄
青囊汇刊7:地学答问	[清]魏清江撰	58.00	华龄
青囊汇刊8:地理铅弹子砂水要诀	[清]张九仪撰	68.00	华龄
青囊汇刊9:地理啖蔗录	[清]袁守定著	48.00	华龄
青囊汇刊10:八宅明镜	[清]箬冠道人编	48.00	华龄
青囊汇刊11:罗经透解	[清]王道亨著	58.00	华龄
青囊汇刊12:阳宅三要	[清]赵玉材撰	48.00	华龄
子平汇刊1:渊海子平大全	[宋]徐子平撰	48.00	华龄
子平汇刊2:秘本子平真诠	[清]沈孝瞻撰	38.00	华龄
子平汇刊3:命理金鉴	[清]志于道撰	38.00	华龄
子平汇刊4:秘授滴天髓阐微	[清]任铁樵注	48.00	华龄
子平汇刊5:穷通宝鉴评注	[清]徐乐吾注	48.00	华龄
子平汇刊6:神峰通考命理正宗	[明]张楠撰	38.00	华龄
子平汇刊7:新校命理探原	[清]袁树珊撰	48.00	华龄
子平汇刊8:重校绘图袁氏命谱	[清]袁树珊撰	68.00	华龄
子平汇刊9:增广汇校三命通会(全三册)	[明]万民英撰	168.00	华龄
纳甲汇刊1:校正全本增删卜易	郑同点校	68.00	华龄
纳甲汇刊2:校正全本卜筮正宗	郑同点校	48.00	华龄
纳甲汇刊3:校正全本易隐	郑同点校	48.00	华龄
纳甲汇刊4:校正全本易冒	郑同点校	48.00	华龄
纳甲汇刊5:校正全本易林补遗	郑同点校	38.00	华龄
纳甲汇刊6:校正全本卜筮全书	郑同点校	68.00	华龄
古今图书集成术数丛刊:卜筮(全二册)	[清]陈梦雷辑	80.00	华龄
古今图书集成术数丛刊:堪舆(全二册)	[清]陈梦雷辑	120.00	华龄
古今图书集成术数丛刊:相术(全一册)	[清]陈梦雷辑	60.00	华龄
古今图书集成术数丛刊:选择(全一册)	[清]陈梦雷辑	50.00	华龄
古今图书集成术数丛刊:星命(全三册)	[清]陈梦雷辑	180.00	华龄
古今图书集成术数丛刊:术数(全三册)	[清]陈梦雷辑	200.00	华龄
四库全书术数初集(全四册)	郑同点校	200.00	华龄
四库全书术数二集(全三册)	郑同点校	150.00	华龄
四库全书术数三集:钦定协纪辨方书(全二册)	郑同点校	98.00	华龄
增补鳌头通书大全(全三册)	[明]熊宗立撰辑	180.00	华龄
增补象吉备要通书大全(全三册)	[清]魏明远撰辑	180.00	华龄
增广沈氏玄空学	郑同点校	68.00	华龄
地理点穴撼龙经	郑同点校	32.00	华龄
绘图地理人子须知(上下)	郑同点校	78.00	华龄
玉函通秘	郑同点校	48.00	华龄
绘图入地眼全书	郑同点校	28.00	华龄
绘图地理五诀	郑同点校	48.00	华龄
一本书弄懂风水	郑同著	48.00	华龄
风水罗盘全解	傅洪光著	58.00	华龄

书　名	作　者	定　价	版别
堪舆精论	胡一鸣著	29.80	华龄
堪舆的秘密	宝通著	36.00	华龄
中国风水学初探	曾涌哲	58.00	华龄
全息太乙(修订版)	李德润著	68.00	华龄
时空太乙(修订版)	李德润著	68.00	华龄
故宫珍本六壬三书(上下)	张越点校	128.00	华龄
大六壬通解(全三册)	叶飘然著	168.00	华龄
壬占汇选(精抄历代六壬占验汇选)	肖岱宗点校	48.00	华龄
大六壬指南	郑同点校	28.00	华龄
六壬金口诀指玄	郑同点校	28.00	华龄
大六壬寻源编[全三册]	[清]周蟠辑录	180.00	华龄
六壬辨疑　毕法案录	郑同点校	32.00	华龄
时空太乙(修订版)	李德润著	68.00	华龄
全息太乙(修订版)	李德润著	68.00	华龄
大六壬断案疏证	刘科乐著	58.00	华龄
六壬时空	刘科乐著	68.00	华龄
御定奇门宝鉴	郑同点校	58.00	华龄
御定奇门阳遁九局	郑同点校	78.00	华龄
御定奇门阴遁九局	郑同点校	78.00	华龄
奇门秘占合编:奇门庐中阐秘·四季开门	[汉]诸葛亮撰	68.00	华龄
奇门探索录	郑同编订	38.00	华龄
奇门遁甲秘笈大全	郑同点校	48.00	华龄
奇门旨归	郑同点校	48.00	华龄
奇门法窍	[清]锡孟樨撰	48.00	华龄
奇门精粹——奇门遁甲典籍大全	郑同点校	68.00	华龄
御定子平	郑同点校	48.00	华龄
增补星平会海全书	郑同点校	68.00	华龄
五行精纪:命理通考五行渊微	郑同点校	38.00	华龄
绘图三元总录	郑同编校	48.00	华龄
绘图全本玉匣记	郑同编校	32.00	华龄
周易初步:易学基础知识36讲	张绍金著	32.00	华龄
周易与中医养生:医易心法	成铁智著	32.00	华龄
梅花心易阐微	[清]杨体仁撰	48.00	华龄
梅花易数讲义	郑同著	58.00	华龄
白话梅花易数	郑同编著	30.00	华龄
梅花周易数全集	郑同点校	58.00	华龄
一本书读懂易经	郑同著	38.00	华龄
白话易经	郑同编著	38.00	华龄
知易术数学:开启术数之门	赵知易著	48.00	华龄
术数入门——奇门遁甲与京氏易学	王居恭著	48.00	华龄
周易虞氏义笺订(上下)	[清]李翊灼校订	78.00	九州

书　　名	作　者	定　价	版别
阴阳五要奇书	[晋]郭璞撰	88.00	九州
壬奇要略(全5册:大六壬集应钤3册,大六壬口诀纂1册,御定奇门秘纂1册)	肖岱宗郑同点校	300.00	九州
周易明义	邸勇强著	73.00	九州
论语明义	邸勇强著	37.00	九州
中国风水史	傅洪光撰	32.00	九州
古本催官篇集注	李佳明校注	48.00	九州
鲁班经讲义	傅洪光著	48.00	九州
天星姓名学	侯景波著	38.00	燕山
解梦书	郑同、傅洪光著	58.00	燕山

周易书斋是国内最大的易学术数类图书邮购服务的专业书店,成立于2001年,现有易学及术数类图书现货6000余种,在海内外易学研究者中有着巨大的影响力。通讯地址:北京市102488信箱58分箱　邮编:102488　王兰梅收。

1、学易斋官方旗舰店网址:xyz888. jd. com　微信号:xyz15652026606

2、联系人:王兰梅　电话:13716780854,15652026606,(010)89360046

3、邮购费用固定,不论册数多少,每次收费7元。

4、银行汇款:户名:**王兰梅**。
邮政:601006359200109796　农行:6228480010308994218
工行:0200299001020728724　建行:1100579980130074603
交行:6222600910053875983　支付宝:13716780854

5、QQ:(周易书斋2)2839202242;QQ群:(周易书斋书友会)140125362。

北京周易书斋敬启